我爱灿烂的五千年

了解一方文明从一座博物馆开始

文物没有呼吸
却有不朽的灵魂和生命
穿越千年与我们相逢

一本博物馆
全国博物馆通识系列

山西博物院

山西博物院　编著

四川人民出版社

图书在版编目（CIP）数据

山西博物院 / 山西博物院编著 . -- 成都：四川人民出版社，2025. 9. --（全国博物馆通识系列：一本博物馆）.
ISBN 978-7-220-14133-1

Ⅰ . G269.272.51

中国国家版本馆 CIP 数据核字第 20254KD796 号

SHANXI BOWUYUAN
山西博物院
山西博物院　编著

出 版 人	黄立新
选题策划	北京增艳锦添
统筹编辑	蒋科兰　李天果
责任编辑	蒋科兰　孙　茜
特约编辑	李天果　温　浩
特约校对	刘云飞
责任印制	周　奇
装帧设计	北京增艳锦添　沈璜斌
出版发行	四川人民出版社（成都市锦江区三色路 238 号）
网　　址	http://www.scpph.com
E—mail	scrmcbs@sina.com
新浪微博	@ 四川人民出版社
微信公众号	四川人民出版社
发行部业务电话	（028）86361653　86361656
防盗版举报电话	（028）86361661
照　　排	北京增艳锦添企业形象策划有限公司
印　　刷	成都市东辰印艺科技有限公司
成品尺寸	155mm×220mm
印　　张	20.25
字　　数	253 千
版　　次	2025 年 9 月第 1 版
印　　次	2025 年 9 月第 1 次印刷
书　　号	ISBN 978-7-220-14133-1
定　　价	99.00 元

■版权所有·侵权必究
本书若出现印装质量问题，请与我社发行部联系调换
电话：（028）86361653

《一本博物馆 山西博物院》
顾问及编写委员会

总 顾 问	赵志明
主　 编	崔跃忠　曹增艳
副 主 编	姚　香　朱朝阳　温　浩
编委成员	王金梅　王晓丽　秦　剑　厉晋春　刘滨滨
	李天果　汤尧欣　叶梦雯　杨雪芹　于恩胜
	刘雨欣　钟玉芬　殷莲莲　席翠翠　路瑞玲
诗文撰稿	曹增艳　张富遐
平面设计	孙　博　赵海燕　江雨濛
插画设计	闵宇璠　罗　玉　靳雪影　卢　云　姚雅舒
装帧设计	翁玲玲
设计指导	刘晓霓
统　 稿	成　凯　安　娜　何晓燕　曹增艳　陈　坤
书　 法	张其亮

选题策划	北京增艳锦添企业形象策划有限公司
	潍坊增艳企划发展有限公司
资料提供	山西博物院

前言

为什么出版"一本博物馆"系列图书?我们曾经反复追问自己,试图把这个问题表述清楚。

你是否有过这样的经历?每到一个地方,因为慕名而来,也因为带着一份好奇和对文化的膜拜,一定要参观一次当地的博物馆。于是,花费一两个小时,走马观花,耳目中塞满了没有任何基础铺垫的知识,看过博物馆只能说出其中几件知名度极高的藏品。绝大多数的观众穿越千山万水,可能一生中仅有一次机会与这些承载几千年历史的古物相见,而这一次起到的作用仅仅是"有助谈资",对博物馆里真正的宝藏,仅算瞥了一眼。

大家需要"一本博物馆"

博物馆不是普通旅游景点,其中陈列着数以万计的文物,背后藏着丰富的文化内容。如果参观博物馆前不认真准备一番,只是匆匆走过,难免像看了一堆陈旧物品的"文化邮差"。参观博物馆前预习,参观时看到文物才会与它似曾相识;参观博物馆后温习,回味给自己留下深刻印象的内容和文化脉络,如此,才算基本了解一座博物馆。

博物馆里有一锅"文化粥"

如果说,考古是人类文明的"第一现场",那么,博物馆则是"第二现场",从发掘转向了收藏和展示。在博物馆中,人类文明被高度浓缩,大众得以与历史直面。

美国盲人作家海伦·凯勒曾在《假如给我三天光明》一书中写道,如果拥有三天光明,她会选择一天去博物馆:"这一天,我将向过去和现在的世界匆忙瞥一眼。我想看看人类进步的奇观,那变化无穷的万古千年,这么多的年代,怎么能被压缩成一天呢?当然是通过博物馆。"

博物馆有多种类型：综合的、历史的、自然的、艺术的、科技的、特殊类型的等等。博物馆里有百科，是一锅熬了千百年、包罗万象并经过系统整理、直观呈现人类文明的"文化粥"。

文物是眼见为实的历史

文物是眼见为实的历史，即使是学者们对此解读有争议，起码也是在实证的基础上进行的。如此，我们便更能了解历史的原貌，这是对历史的尊重。

文物是形象化的记忆

事物容易被记住往往首先是因为它有趣的形式。千言万语不及一张图。有学者推算，我们一般人"记忆中的语言信息量和形象信息量的比为1∶1000"。文物正是因其有趣的形式、直观的形象，比文字记录更让人印象深刻。

文化是民族的血脉和灵魂

文化是民族的血脉和灵魂。一个国家、一个民族、一个家族、一个人的自信不仅缘于有多少财富、多大权力，还缘于其深厚的文化底蕴。好比我们以自己的家世为荣，有一天，拿着母亲的照片对别人说："这是我母亲年轻的时候，她也曾经风华绝代呢。"

如上缘起，博物馆专家团队与北京增艳锦添联合出版"一本博物馆"系列丛书，根据每个博物馆展览陈列的线索，尽可能多地选取每个展厅中的文物，将翔实的内容、严谨的知识用通俗的语言表达出来，以有趣的形式呈现。我们的目的只有一个：大家拿着"一本博物馆"，走进一座博物馆，爱上连绵不断的中华文明。

序

山西，地处黄土高原腹地。东越太行俯瞰华北平原，北接长城沟通塞外草原，西、南为黄河所怀抱。山西，表里山河，是农耕文明与游牧文明的地理文化走廊，是多民族文化交流与融合的重要地区，是华夏文明的发祥地之一。山河锦绣，人文璀璨，文物厚重。

山西博物院前身是始建于1919年的山西教育图书博物馆，是中国最早设立的博物馆之一。经历百余年风风雨雨，山西博物院现已成为山西最大的文物收藏、保护、研究、展示和教育中心，是全国首批一级博物馆，是中央和地方共建国家级重点博物馆之一。

数十万件馆藏文物，时代序列完整，品类齐全，玉石器、青铜器、石刻造像、壁画、戏曲砖雕、地方窑瓷器、近现代革命文物等最具优势。新石器时代彩绘龙盘；商代鸮卣、龙形觥；西周晋侯鸟尊；汉代胡傅酒樽、雁鱼铜灯；北魏木板漆画屏风等文物，或以历史意义重大，或以工艺美术精巧，或以文化内涵深厚，备受关注，影响巨大。

山西博物院立足山西文物资源禀赋，聚焦中国考古学研究热点、文明探源工程研究、考古中国重大项目和全省考古成果及时转化利用，提炼山西历史文化特色和时代亮点，构建"晋见中国，魂铸华夏"的主题逻辑和展览框架，实证地处华夏文明腹地的山西在我国百万年人类史、一万年文化史和五千多年文明史中的独特地位；展现地处夏商周王朝中心的山西在中国早期国家发展中的重要贡献；阐释地处连接中原农耕文化与北方草原游牧文化主要孔道的山西在中华民族史、文化史和文明史中的"熔炉"作用；呈现山西在统一的多民族国家发展进程中的独特创造、鲜明特色和价值观念。

"晋魂"基本陈列由7个历史专题和5个艺术专题构成，既独立成篇，又互为补充。"文明摇篮"实证山西是华夏文明的直系根脉；"夏商踪迹"突出山西在夏商时期的历史地位；"晋国霸业"史物印证晋与"三晋"八百年历程,揭示兼容并包、开拓进取、奋发图强的时代精神;"民族熔炉"聚集汉唐之间的民族融合,诠释"开放与包容"的民族品格;"佛风遗韵"以佛教艺术中国化进程,诠释多元一体的中华文明特质;"戏曲故乡"以戏曲为代表反映中华优秀文化的源远流长;"天下晋商"彰显诚实守信、开拓进取、和衷共济、务实经营、经世济民的晋商精神。"玉韫华夏"突显中国玉文化独特内涵,与"方圆世界""瓷苑艺葩""翰墨丹青""土木华章"等5个艺术专题,提炼院藏特色,展示中国创造,与历史专题交相辉映,为华夏文明的历史星河增添了闪耀的光彩。

《全国博物馆通识系列·一本博物馆:山西博物院》是浓缩的山西博物院,是集萃的"晋魂"基本陈列。书页中看似宁静的每一件文物,都在诉说着生动的历史,明艳的色彩、优美的语言,引领着读者沿着历史长河,溯古寻源,读懂中国。

王晓毅

山西博物院院长
2025年7月26日

目录

了解山西博物院
山西博物院导视图 /002
山西博物院简介 /004

文明摇篮

第一单元 人类远祖

旧石器时代早期
三棱大尖状器 /013
晋南麋鹿角化石 /014
凹刃刮削器、凸刃刮削器、石片 /015

旧石器时代中期
三棱大尖状器 /016
石球 /017

旧石器时代晚期
石镞 / 018
琢背小刀 /019
石磨盘、石磨棒 /020
细石叶 /021

第二单元 华夏直根

枣园稼穑
双耳小平底陶壶 /023

西阴之花
彩陶罐 /025
彩陶瓶 /026
彩陶盆 / 027
灰陶斝 /028

帝尧之都
特磬 /032
彩绘蟠龙盘 / 033
土鼓 / 034
彩绘陶壶 /035
朱书扁壶 / 036
直口肥足鬲 /037
"V"字形石刀 /038
玉神面 /039
玉琮 /040

池南之民
二联璜玉环 /041

高原石城
蛋形瓮 /042
陶罐 /043

夏商踪迹

第一单元　大夏之墟
青铜镞 / 046
灰陶绳纹蛋形瓮 / 047
灰陶绳纹大口尊 / 048
灰陶绳纹甗 /049
灰陶绳纹鬲 /050
灰陶绳纹小口罐 /051

第二单元　殷商重地
铜炼渣 / 053
卜骨 /054
灰陶弦纹双耳壶 /054
灰陶大口尊 /055
乳钉纹方鼎 /057
寝孳方鼎 /058
兽形觥 /059
雷纹提梁卣 /060
兽面纹斝 /061
兽面纹瓿 /062
鸮卣 /063
方格雷纹出戟瓿 /064
龙形觥 /065
兽面纹龙首提梁卣 /066
夔纹斝、兽面纹爵 /067
三銎刀 /068
靴形器 /069
虎饰匕形器 /070
镂空环首刀 /070
乳钉三角纹管銎斧 /071
云雷纹梳 /071
人首笄形器、凤首笄形器 /072
双球铃 /073
金珥饰 /073

002　山西博物院

晋国霸业

第一单元　肇基河汾

晋侯鸟尊 /077
绳纹双耳罐 /078
晋侯温鼎 /079
缀玉覆面 /080
晋侯喜父盘 /081
晋侯斯壶 /082
晋侯苏钟 /083
金带饰 /084
鸟盖人足盉 /085
玉牌联珠串饰 /086
楚公逆编钟 /087
叔钊父方甗 /088
杨姞壶 /089
玉组佩 /090
南宫姬鼎 /091

第二单元　争霸春秋

夔龙纹编钟 /093
人足方盒 /094
窃曲纹匜 /095
横鳞纹附耳三足盘 /096
伯鬲父鼎 /097
方座铃簋 /098
荒帷 /099
卜骨 /100
兽面纹蹄足铜鼎 /101
兑盆 /102
申五矩甗 /103
陈信父壶 /104
虞侯政壶 /105
附耳蹄足鼎 /106
蟠龙纹方壶 /107
子犯鬲 /108
晋公盘 /109
韩钟剑 /110
举手人物范 /111
络绳纹罍 /112
吴王鼎 /113
王子于戈 /114

第三单元　三晋称雄

夔风纹罍 /116
高柄小方壶 /117
侯马盟书（部分）/118
夔龙纹建鼓座 /119
附耳蹄足镬鼎 /120
铜牺立人擎盘 /121
卧羊琴轸钥 /122
春平侯铍 /122
错金盖豆 /123
彩绘夔纹灰陶壶 /124
土匀錍 /125

民族熔炉

第一单元　长城内外

胡傅酒樽 /129
胡傅温酒樽 /130
雁鱼铜灯 /131
高奴庙钫 /132
四神染炉 /133
安邑宫鼎 /134
铜人形镇 /135
鹰虎互搏饰片 /136
金箔饰片 /137

第二单元　平城时代

羊角饰 /138
陶牛车 /139
甲骑具装俑 /140
杂技俑 /141
石雕帐座 /142
石雕人物动物砚 /143
司马金龙墓表 /144
漆画屏风板 /145
虎头门墩 /146
孙龙石棺 /147
石椁壁画 /148

第三单元　别都晋阳

镇墓武士俑 /150
娄睿墓志、墓志盖 /151
兽面镇墓兽、人面镇墓兽 /152
《出行图》壁画 /153
黄绿釉龙柄凤首壶 /154
彩绘石雕墓门 /155
辫发骑俑 /156
鎏金铜莲花烛台 /157
画像砖 /158

第四单元　异域来风

玻璃碗 /160
鎏金刻花银碗 /161
金镶嵌宝石戒指 /161
骑驼陶俑 /162
虞弘墓石椁椁身 /163

佛风遗韵

第一单元　北朝风貌

左兴造观音立像 /167
菩萨头像 /168
交脚弥勒像 /169
程哲碑 /170
释迦七尊像 /171
卫秦王造像碑 /172
南涅水造像塔（部分）/173

第二单元　大唐气度

菩萨立像 /175

第三单元　宋明世相

观音菩萨立像 / 176
观音菩萨像屏（局部）/177
《大般若波罗蜜多经》卷（局部）/178
宝宁寺水陆画——天藏菩萨 /179

戏曲故乡

第一单元　戏曲先声
陶埙 /182
骑马击鼓乐俑 /183

第二单元　搬演人生
《河中府万泉县新建后土圣母庙记》碑 /185
散乐砖雕：腰鼓色、觱篥色、舞伎、横笛色、
　大鼓色 /186
社火砖雕：舞童 /187
侯马董明墓戏台及杂剧俑 /188

第三单元　梆音彻响
伴奏乐器一组：唢呐、二胡、紫檀鼓、锣、堂鼓、
　梆子 /190
皮影《打金枝》/192

天下晋商

第一单元　渊源
铁锅 /197

第二单元　辉煌
小秤、天平 /200
钱帖铜印版 /201
裕和德钱庄钱帖 /202
平遥蔚泰厚汇兑庄执照 /203
平遥蔚盛长票号"蔚盛长防遗图"印章 /204
保晋公司关于从英福公司赎回采矿权的奏折
　及朱批备案录 /205
双福火柴厂"飞艇"牌火柴商标 /206

第三单元　承传
百寿漆座屏 /208

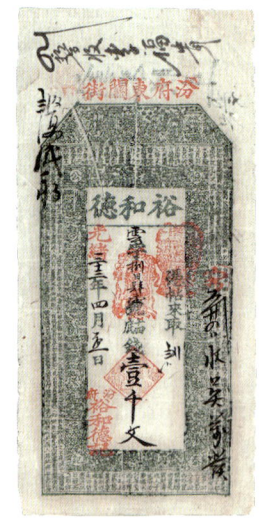

土木华章

第一单元　早期营建
门轴石 /213
绿釉陶楼 /214
屋宇形石椁 /215
九原岗门楼图壁画 /216

第二单元　大唐遗构
兽面纹瓦当 /220

第三单元　千年法式
辽代建筑

宋代建筑

金代建筑
彩釉琉璃塔式罐 /229

第四单元　精工华筑
琉璃楼阁脊刹 /231

玉韫华夏

第一单元　美玉有灵　礼仪以彰
玉琮 /235
鹰纹玉圭 /236
神面纹玉戚 /237
牙璧 /238
人首神兽纹玉戈 /239
谷纹玉璧 /240

第二单元　润泽以温　喻瑞喻德
玉人 /242
六璜联珠串佩饰 /243
玉牌连珠串饰 /244
玉玦组佩 /245
玉剑璏 /246

琉璃串珠 /247
龙凤合体玉饰 /248
青玉镂空龙首簪 /248

第三单元　清室雅伴　静谧芳华
青玉镂雕人物山子 /251
青玉描金花瓣碗 /252
白玉描金贴花碗 /253
白玉八仙人物 /254
玉牌 /255

瓷苑艺葩

第一单元　星火积著
青釉洗 /259
青釉贴塑忍冬纹龙柄鸡首壶 /260
黄绿釉贴塑兽面纹尊 /261
白瓷人形柄执壶 /262
黑釉"供御"铭兔毫盏 /263
青釉菊瓣纹罐 /264

第二单元　三晋窑火
白瓷镂空熏炉 /266
黑釉剔花卷叶纹坛 /267
白瓷印花花卉纹盏 /268
白瓷印花童子戏莲纹碟 /269
虎形枕 /270
钧釉双耳三足炉 /271
黑釉剔花花卉纹罐 /272

第三单元　国瓷天工
青花缠枝牡丹纹罐 /274
青花筒式三足炉 /275
白瓷达摩坐像 /276
粉彩婴戏图碗 /277
斗彩团花纹盖罐 /278
五彩蝶纹盘 /279

方圆世界

第一单元　货币萌芽
保德铜贝 /283

第二单元　先秦铸币
原始空首布 /284
刀币 /285
"晋阳"尖足布 /286
"无终"三孔布 /287
战国方足十珍 /288

第三单元　制行铢两　一统方圆
秦半两 /290
汉五铢 /291
一刀平五千 /292

第四单元　宝文千年　钱世金生
金饼 /293
员外同正金铤 /294
洪武金锭 /296

生字词注音释义 /298

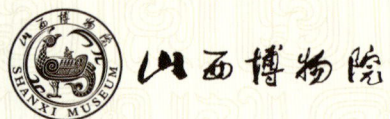

了解山西博物院

筹建时间：2001年
地理位置：山西省太原市万柏林区滨河西路北段13号
建筑面积：5.2万平方米
藏品数量：60余万件（套）
常设展览：文明摇篮、夏商踪迹、晋国霸业、民族熔炉、佛风遗韵、戏曲故乡、天下晋商、土木华章、玉韫华夏、瓷苑艺葩、方圆世界
藏品特色：藏品主要来源于20世纪20年代以来的考古出土和百年来的征集积累，尤以青铜、瓷器、石刻、佛教造像、壁画、书画等颇具特色。

＊本书对尚不能确定的文物信息，均暂付阙如。

山西博物院
导视图

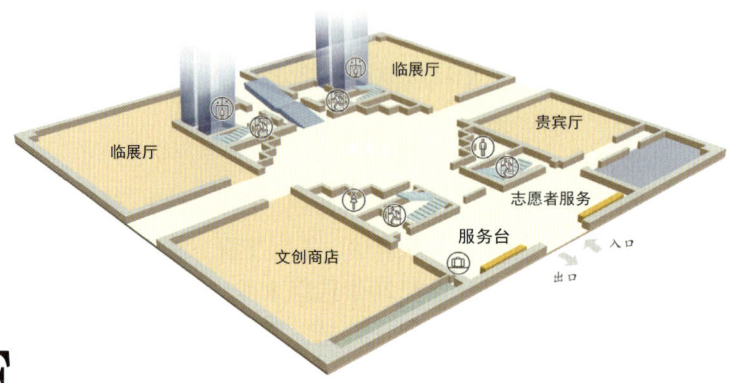

1F

- 男卫生间
- 女卫生间
- 电梯
- 存包处
- 茶社
- 安全通道

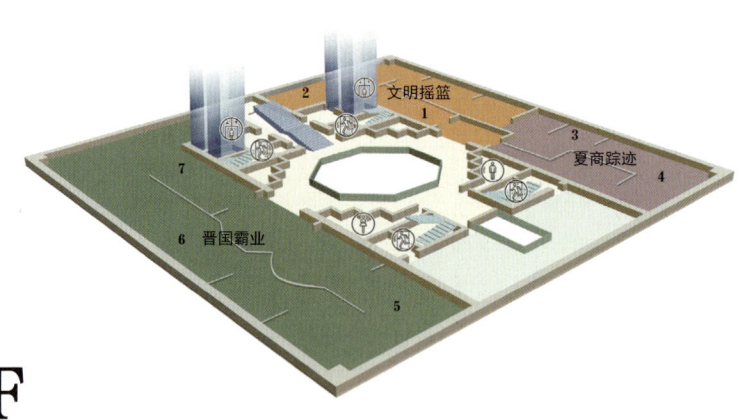

2F

- 文明摇篮
  1. 人类远祖
  2. 华夏直根
- 夏商踪迹
  3. 大夏之墟
  4. 殷商重地
- 晋国霸业
  5. 肇基河汾
  6. 争霸春秋
  7. 三晋称雄

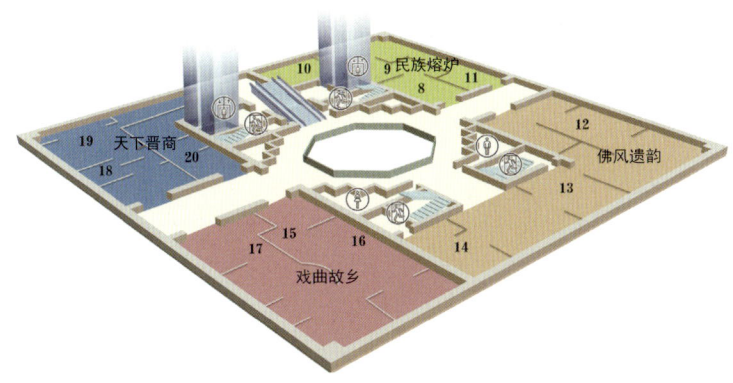

3F

- 民族熔炉
  - 8. 长城内外
  - 9. 平城时代
  - 10. 别都晋阳
  - 11. 异域来风
- 佛风遗韵
  - 12. 北朝风貌
  - 13. 大唐气度
  - 14. 宋明世相
- 戏曲故乡
  - 15. 戏曲先声
  - 16. 搬演人生
  - 17. 梆音彻响
- 天下晋商
  - 18. 渊源
  - 19. 辉煌
  - 20. 承传

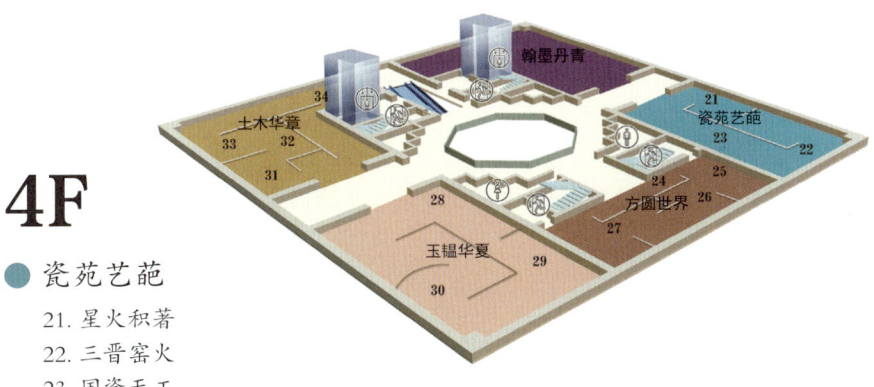

4F

- 瓷苑艺葩
  - 21. 星火积著
  - 22. 三晋窑火
  - 23. 国瓷天工
- 方圆世界
  - 24. 货币萌芽
  - 25. 先秦铸币
  - 26. 制行铢两
  - 27. 宝文千年
- 玉韫华夏
  - 28. 美石有灵 礼仪以彰
  - 29. 润泽以温 喻瑞喻德
  - 30. 清室雅伴 静漱芳华
- 土木华章
  - 31. 早期营建
  - 32. 大唐遗构
  - 33. 千年法式
  - 34. 精工华筑
- 翰墨丹青

山西博物院
简介

历史沿革

1919年,山西博物院的前身——山西教育图书博物馆创立。

1925年,山西教育图书博物馆更名为山西公立图书馆。

1933年,在原山西公立图书馆基础上,筹备开办山西省立民众教育馆。

1949年,山西省立民众教育馆由人民解放军太原军事委员会文教接管组接管,更名为山西省图书博物馆。

1956年,山西省图书博物馆按照地志博物馆模式陆续完成自然之部、历史之部和社会主义建设之部的基本陈列,并对公众开放。

1992年,山西省委、省政府决定筹建一座现代化新馆;1997年项目批准立项。

2001年,新馆奠基;2004年告竣,定名为山西博物院。

2005年,山西博物院大型基本陈列"晋魂"正式向公众开放。

2008年,山西博物院免费向公众开放,同年5月入选首批国家一级博物馆。

2009年,山西博物院成为11个中央地方共建国家级博物馆之一。

概　况

　　山西博物院是首批国家一级博物馆、中央地方共建国家级博物馆培育对象，是全省最大的文物征集、收藏、保护、研究和展示的公共文化服务机构。

　　该馆坐落于太原市汾河西岸，占地168亩，建筑面积5.2万平方米，展厅面积1万平方米，文物库区1.2万平方米，是国家"九五"重点建设工程，也是新中国成立以来山西省投资规模最大的文化基础设施，承担着传承中华文明和山西历史文化的职责使命。

　　山西博物院建筑群由主馆与四座角楼组成。主馆造型如斗似鼎，"斗"象征着丰收、喜悦，鼎寓意着安定、祥和，体现了中华民族孜孜以求的美好愿望。四角楼似舒展的羽翼，簇拥拱卫着主馆。整个建筑群落跌宕起伏，雄浑大气，以现代技术手段实现了古人"如鸟斯革，如翚斯飞"的审美取向，给人以很强的时代感。

　　作为三晋文化的传承者、开拓者、引导者，山西博物院始终秉承贴近生活、贴近实际、贴近群众的原则，坚持把社会效益和群众需求放在首位，着力打造"艺术展示的殿堂、学生学习的课堂、民众休闲的乐园"，为社会主义精神文明建设以及山西的社会经济文化发展积极贡献力量。

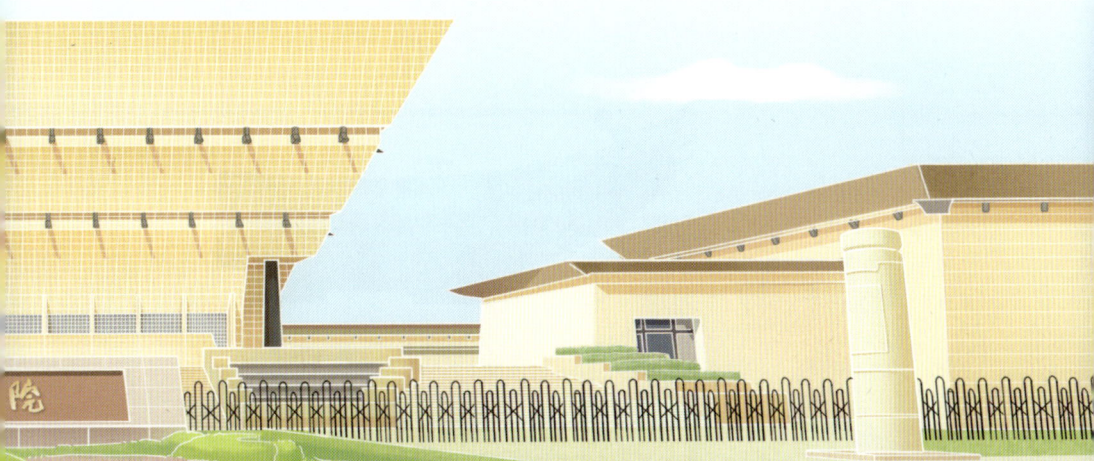

主要藏品及突出特点

山西博物院的藏品主要来源于20世纪20年代以来的考古出土和百年来的征集积累，尤以青铜、瓷器、石刻、佛教造像、壁画、书画等颇具特色。其中，晋侯鸟尊、胡傅酒樽、兽形觥（gōng）、彩陶罐、雁鱼铜灯、漆画屏风板、刖（yuè）人守囿（yòu）青铜挽车、虞弘墓石椁（guǒ）椁身、六璜联珠串佩饰、侯马盟书为山西博物馆的十大"镇馆之宝"。

文明摇篮

山西地处黄河中游，是远古人类和文明的摇篮。百万年前，先民们便在这里繁衍生息，从狩猎采集到刀耕火种，他们辛勤劳作着，足迹遍布山西南北，不断吸纳各地先进文化，焕发出文明的曙光，也为后世留下了丰富的文化遗存。

展览遴选数十件藏品，旨在通过展示先民们新、旧石器时代生活的方方面面，带领观众穿越百万年的时空，探索人类早期在山西地区的生活状态和社会发展概况，呈现山西最初的样貌。

夏商踪迹

公元前21世纪，中国第一个王朝——夏建立，标志着中国进入早期国家阶段。山西南部作为夏王朝的中心区域，素有"夏墟"之称。继夏而起的商王朝，在山西也有诸多遗址存在。夏商时期国家体制趋于完备，农业、手工业、商业等各方面的发展，都为青铜时代的到来做好准备。

在山西出土的青铜器既带有商文化的特点，又具有独特的地域特色，这些早期青铜制作工艺精良，器型纹饰及铸铜工艺的完美呈现，让我们惊叹于山西先民的智慧及高超技艺。走进本展厅，这里既有庄严肃穆的吉金光华，也藏着人间生活的烟火气息。

晋国霸业

3000多年前，武王克商，西周建立，分封诸侯，屏藩王室。成王时，叔虞封唐，其子燮（xiè）父改唐为晋。晋国称霸百年，鼎盛时地跨今晋、陕、豫、冀、鲁等广大地区。衰微时，六卿专权，诸侯纷起争霸成为这一时代的主题。韩、赵、魏奋勇争先，变法图强，辟地拓疆，顺应时势，承继晋国余烈，续写三晋辉煌，推动了中国社会走向大一统的历史进程。展厅通过丰富的文物，让大众在深入了解晋国的历史和文化的同时，感受晋国的辉煌和影响力。

民族熔炉

山西，地处农耕社会与草原民族交汇的前沿地带，是华夏各民族和文化交融的重要平台。

在这个展厅，观众不仅可以看到当时的艺术成就，还能了解到从汉代到北朝时期，山西作为民族融合和文化交流的"大熔炉"，在中外经济文化交流中的重要作用和影响。多民族在这碰撞交融，为中华血脉注入新鲜活力。

佛风遗韵

佛教是世界三大宗教之一，诞生于约公元前6世纪的古印度地区。两汉之际传入中国，到南北朝，佛教文化传播迅速。隋唐时达到鼎盛，中国也成为北传佛教乃至世界佛教文化的中心区域。宋以后，佛教文化已全面融入中华文明思想体系。

山西是佛教艺术嬗（shàn）变的核心区域，石窟、寺院、佛塔遍布城乡，石刻造像、壁画、彩塑异彩纷呈，被誉为中国古代艺术的宝库。展厅遴选各时期不同风格的佛造像，让观众在了解佛教本土化过程的同时，也感受到宗教的艺术之美。

戏曲故乡

戏曲艺术最早可以追溯至先秦祭祀歌舞，经千百年的发展融合，至宋元时期形成完整的舞台艺术。特别是宋金时期的杂剧，从内容到形式都为元杂剧奠定了基础。到了明清时期，传奇和地方戏兴起，迎来戏曲发展的鼎盛局面。

山西是中国戏曲的起源之地，被誉为"中国戏曲艺术故乡"。展厅布局巧妙，借助多媒体的呈现手段，以更生动灵活的方式，向观众呈现戏曲艺术的起源与发展。在这里，观众可以看到皮影戏，还能听到山西本土的四大梆子，全方位、近距离感受这些传统艺术。

天下晋商

通常意义上的晋商，是指明清时期的山西商人，与潮商、徽商并称为中国历史上的"三大商帮"。晋商以义取利，开拓进取，面对国家兴亡，他们更是毅然团结起来走上实业救国的道路。晋商纵横欧亚九千里、称雄商界五百年，不仅为后世留下了丰厚的文化遗产，更留下了取之不竭、用之不尽的精神财富。

土木华章

山西被誉为"中国古代建筑宝库"，现存古建筑数量众多、时序完整、类型齐全、独具特色。元以前早期木结构建筑居全国之首，附属其中的彩塑、壁画、碑刻、匾额等艺术珍品，与古建筑融为一体，珠联璧合，交相辉映。

在这里，观众可以欣赏到远古时期的门轴石，也可以一睹各式建筑构件的风采。这些建筑不仅体现了中国人的智慧与审美情趣，更是将中国人的民族性格融合其中，展现着中华文明的精髓。

玉韫华夏

玉是神圣的象征，也代表着纯洁与美好，因其温润的光泽、晶莹的质地而受到人们的青睐。早在史前，人类便佩戴单件天然玉石来美化自身。

后来，玉不仅可以作为装饰物，也可用于祭祀、殓葬、辟邪、赏玩等。随着时代的发展，玉也逐渐走向世俗化，融入社会生活。玉承载着越来越丰富的含义，不仅是东方精神的具象体现，更是中国文化的重要载体。

瓷苑奇葩

瓷器是中国的代表符号，为中国独创，泥与火交融，淬炼出巧夺天工的器体，向世人展示着我国陶瓷艺术的博大精深。

山西陶瓷根植于深厚的历史文化，融会晋、冀、豫、陕之技艺，博采众长，书写出中国陶瓷史上浓墨重彩的一笔。无论是独具特色的北方釉陶，还是幽兰亮丽的元青花瓷，从普通的民间用品，到华贵的官窑器皿，应有尽有。这些千姿百态的中国瓷器，体现了中国人追求卓越、不断进取的民族精神，共同构建出中华文明的独特魅力。

方圆世界

中国古代货币以金属铸币为主体，萌芽于商，东周形成正式的金属铸币，秦确定方孔圆钱的基本形态，后经数次变革，于明清形成制钱体系，发展脉络清晰。

山西博物院藏有数十万件中国古代货币，尤以晋及三晋货币最具特色。院藏货币体系完整、绵延有序、品类齐全，不乏珍品，为研究古代社会、政治、经济、文化的发展提供了实物例证。

文明摇篮

　　山西,地处黄河中游,气候适宜,物产丰饶,是远古人类和文明的摇篮。

　　西侯度发现243万年前的人工打制石器。汾河岸边、桑干河畔、沁河两岸、太行西麓洞穴内,原始人类生息繁衍,足迹遍布山西南北,留下了冠绝全国的旧石器文化遗存。百余万年间,沧海桑田,生生不息。

　　距今1万年前后,我们的先民进入新石器时代,刀耕火种,驯化动物,

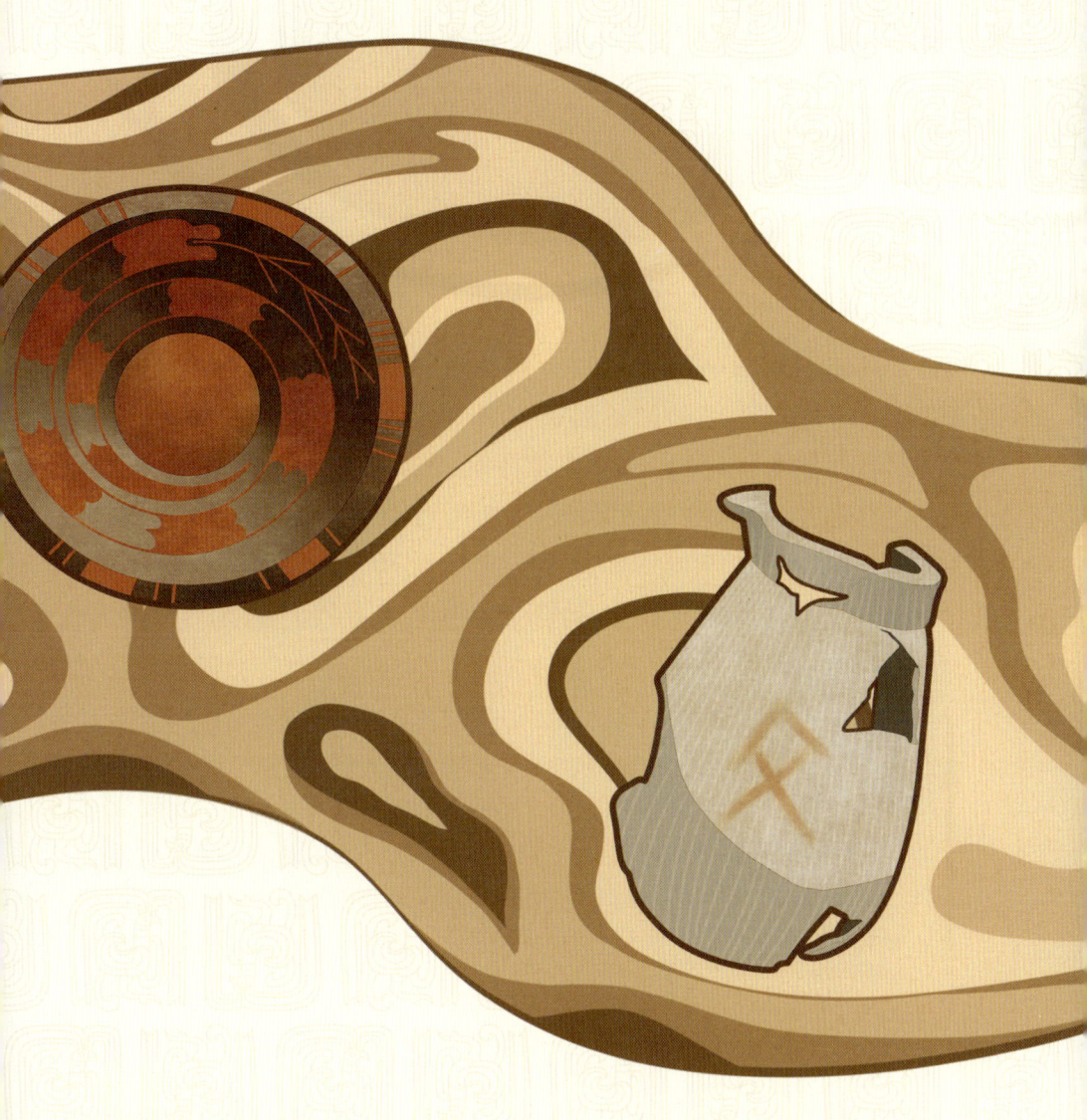

制作陶器，营建房屋，聚族而居。数千年血脉传承，多源流接续交融，部族聚落灿若星辰。各方文化相互激荡，满天星斗般的文明火花向黄河中游聚合。4300年前，陶寺文化在晋南兴起，华夏民族跨入文明之门。

第一单元
人类远祖

4500万年前的垣曲"世纪曙猿",是人类的远祖。从以使用打制石器为标志的旧石器时代开始,远古人类从能人、直立人进化为智人,经历了300多万年的漫长历程。

山西已发现的旧石器时代文化遗存达500余处。以西侯度、丁村、柿子滩为代表,早、中、晚期遗存都很丰富,文化序列完整。在探索早期人类起源、旧新石器时代过渡及农业起源等方面,举足轻重。

旧石器时代 早期

距今300万—20万年,为旧石器时代早期,大体上相当于人类体质进化的能人和直立人阶段,遗存主要分布于欧亚非大陆。因地域不同、时代跨度大、地区发展不平衡,其文化面貌差异很大。我国著名的遗存有云南元谋人遗址、北京北京人遗址和山西的西侯度遗址、匼(kē)河遗址等。

> **小知识:西侯度遗址**
>
> 西侯度遗址位于山西芮城风陵渡镇西侯度村后的"人疙瘩"北坡,是目前中国已知最早的旧石器时代文化遗址之一。1961和1962年该遗址进行了两次发掘,出土了一批动物化石,以及包括石制品、烧骨、带有切痕的鹿角在内的文化遗物。在2005年4—6月的抢救性发掘中,发现了大量石制品和动物化石。石制品中大部分是打制石器时形成的碎屑和断块,也有石核、石片和石器,其中包括一些磨蚀较轻、打击痕迹十分清晰的规范制品。

尖石三棱石英质

三棱大尖状器

旧石器时代

长16.5cm　宽10.5cm　厚8cm

山西运城芮城西侯度遗址采集

　　旧石器时代从距今300万年起延续到距今1万年左右结束，打制石器是这一时期重要的生产和生活工具。

　　三棱大尖状器是中国旧石器时代的传统性工具，主要用于起土挖掘，也可用来肢解动物。

　　这件三棱大尖状器出土于距今大约243万年的西侯度遗址，原料为石英岩，尖端有清晰的人工打击痕迹，断面呈三棱状，重1365克，左面有两个石片疤，右面有一个石片疤，使尖端突出，方便使用。

大蹄麋鹿角成树

晋南麋鹿角化石

旧石器时代
长71cm　宽38cm　高60cm
山西运城芮城西侯度遗址出土

　　麋鹿，是鹿科、麋鹿属唯一的鹿类动物。它是马脸、鹿角、牛蹄子、驴尾巴等类似特征的融合体，因此，又被称为"四不像"。

　　已出土的野生麋鹿化石表明，麋鹿起源于200多万年前，距今1万年到距今3000年时最为昌盛。早在3000多年前，中国黄河、长江中下游地区就有麋鹿，汉代以后逐渐减少，直到清朝初年野生麋鹿最后绝迹。这块晋南麋鹿角化石就是它们曾经在黄河流域存在的见证。

凹刃刮削器、凸刃刮削器、石片

旧石器时代
凹刃刮削器，长6.9cm　宽4.8cm　厚2.4cm
凸刃刮削器，长7.25cm　宽4.92cm　厚1.57cm
石片，长10cm　宽5.2cm　厚2cm
山西运城芮城匼（kē）河遗址出土

　　20世纪50年代，在芮城县风陵渡河村一带，沿左岸长达13.5公里的范围内，以河为中心，发现了20个旧石器文化遗址，属于80万年前晚期直立人阶段的典型文化遗址群。1960年有关部门进行了正式发掘，出土的大量石器说明此时的石器制造技术已有一定进步。从出土的动物化石看，当时的气候比今天更为温暖湿润，有茂密的森林、广阔的草原以及河湖沼泽，人类经济生活以渔猎采集为主。

　　这些打制的石器即出土于匼河遗址，加工比较粗糙，可能是多用途的工具，可用于刮削、砍砸、投掷等。

湖泽草原出石器

凹刃刮削器

凸刃刮削器

石片

文明摇篮

旧石器时代 中期

距今20万—4万年，为旧石器时代中期，人类进化到了早期智人阶段，体质特征接近现代人，仍处于原始群居阶段，埋葬死者的习俗已经出现。石器制作技术有了很大发展，类型增多，功能进一步分化。我国著名的遗存有河北板井子遗址、河南灵井遗址和山西的丁村遗址、许家窑遗址等。

三棱大尖状器

旧石器时代
长21cm　宽10.5cm　厚7cm
山西临汾襄汾丁村遗址出土

丁村尖石似手斧

这件三棱大尖状器是10万年前汾河流域旧石器文化的典型工具，1954年首先发现于丁村遗址，因此，它又被称为"丁村尖状器"。

该石器由硬度较高的角页岩制作而成。形状类似西方同时期的"手斧"，由大石片单向加工而成。三棱三面，庄重对称。同时，因其修长而硕大，适合用于戳、穿、挖掘，也被称为手镐。此类石器使用功能和结构艺术兼备，让人们一窥人类先祖漫长而艰辛的渔猎采集生活。

小知识：丁村遗址

丁村遗址位于山西临汾襄汾丁村附近的汾河河畔，地处汾河下游，被誉为继周口店遗址之后中国旧石器考古学上的第二座里程碑。汾河两岸分布着跨越旧石器时代早、中、晚三期文化的大型遗址群，其中以丁村遗址为代表的旧石器时代中期文化遗存最为著名。

丁村遗址发现有原地埋藏的石器打制现场，以及30万年前的人类用火遗迹。出土物包括大量的石制品和动物化石，以及古人类的顶骨、枕骨和牙齿化石。丁村石器体量较大，形制规整，以三棱大尖状器最具特色，被称为"丁村尖状器"，该遗址所代表的文化被称为"丁村文化"。

石球

旧石器时代
直径5~10cm
山西大同阳高许家窑遗址出土

飞石投掷袭猎物

　　石球是远古人类狩猎时常用的投掷工具。在广阔的平原和山岭中，只凭近距离捕猎并非易事，为快速袭击奔跑中的猎物，远古人类发明了石球。石球由砾石、石块和废弃石核等为毛坯加工而成，大的可用来直接投击猎物，中等大小的可以做成"飞石索"，小的则可用作飞石索上握在手中的扣环。

　　飞石索也称投石袋，是人类使用的最古老的远射器具，靠石的旋转力与冲击力突袭和缠绊野兽。飞石索主要有两种类型：一种是单股投石带，以藤条或皮条制成的索绳系住石头；一种是双股投石带，以囊装着石头，且在索绳的一端有一个环，远投时套在手上，以方便收回。

　　许家窑遗址中最富特色的器物就是投石带抛射的石球，仅在1976年的发掘中，就发现了1000多件，数量之多实属罕见。石球最大的重1500多克，最小的不足100克，较规则的圆形表明古人类已具备了一定的形态认知能力和制作技术。

小知识：许家窑遗址

　　许家窑遗址位于阳高县许家窑村东，地处桑干河中游晋冀交界处，距今12.5万—10.4万年。1974年以来经多次发掘，出土了丰富的人类化石、石制品、骨角制品和动物化石。其中人类化石20余件，分属十多个男女老幼不同个体，是山西古人类化石发现最多的遗址。许家窑遗址的石器普遍较小，加工精细，对研究"细石器"文化的起源和传播具有重要意义。

文明摇篮　017

旧石器时代 晚期

距今4万—1万年,为旧石器时代晚期,人类进化到晚期智人阶段,体质特征和脑量已与现代人基本相同。他们能制造精致的石器和骨、角工具,还发明了弓箭。原始宗教产生,装饰品出现,雕刻和绘画艺术萌芽。我国著名的遗存有北京山顶洞人遗址、宁夏水洞沟遗址和山西的峙峪(shì yù)遗址、下川遗址、柿子滩遗址等。

石镞

旧石器时代
长2.15cm 宽1.37cm 厚0.4cm
山西朔州峙峪遗址出土

最早石镞配弓箭

镞是弓箭的箭头,这件石镞出土于距今约2.8万年的峙峪遗址,是目前已发现的中国最早的石镞。该石镞的发现,表明峙峪人已经发明了弓箭。在后续发现的下川遗址、柿子滩遗址中,均有石镞的踪迹。

这件石镞原料为燧(suì)石,用非常薄的长石片制成,顶端有很锋利的尖;一侧边缘经过精细加工,另一侧则保持石片原来的锋利边缘;底端左右两侧均经修理使之变窄,状似短短的镞铤(tǐng)。

弓箭是一种远距离猎杀动物的复合工具,它的发明需要具备敏锐的观察、丰富的想象、发达的智力和灵巧的双手,我们今天已无从得知完成这项发明所经历的艰辛,但在弓箭出现之后的古人类遗址中,大型食草动物如野马、野羊等化石明显增多。弓箭的使用,大大缩短了狩猎者与猎物之间的距离,是狩猎经济革命性的进步,这项发明成为原始狩猎经济大发展的重要里程碑。

琢背小刀世罕见

琢背小刀

旧石器时代

长3.2cm　宽1.36cm　厚0.43cm

山西晋城沁水下川遗址出土

　　这件琢背小刀是将原本有一条纵嵴的三角形石片的一边精雕细琢成一个平直的厚边（刀背）；另一边，在一端敲掉一角，使其成为有肩的柄，柄端加以修整；剩余部分则保留石片原有的锋利边缘，作为刃口使用，其使用痕迹很明显。

　　琢背小刀是下川文化的典型器物，下川遗址中发现的琢背石片共22件，可分为多种类型，这件标本属于有肩斜刃琢背小刀。

石磨盘、石磨棒

旧石器时代
石磨盘，长32.5cm　宽21.5cm　厚3.5cm
石磨棒，长20cm　最大径5.8cm
山西临汾吉县柿子滩遗址出土

农业起源柿子滩

　　这件石磨盘为板状砂岩制成，周边打制，呈现出不规则的椭圆形；石磨棒由砂岩制作，棒体两端细而圆钝，中间截面和断面接近三角形。石磨盘表面并不平坦，它沿长径的两边向中心呈马鞍形凹入，表面均匀分布有直径约0.5厘米不等的小窝，明显为长时间大面积平行摩擦所致，与石磨棒搭配使用。

　　通过对残留物和微痕分析，发现石磨盘兼具植物性食物加工、颜料研磨和装饰品磨制等多种功能。随着技术的发展，石磨盘和石墨棒逐渐被更高效的工具所取代，但我们依然能从其中一窥远古人类的生活状况。

　　从黍亚科植物所占比例和石磨盘所体现的半定居趋势的加强可以看出，当时的人类已经进入对野生谷类的集约采集阶段，即农业起源的最初阶段。柿子滩遗址密集出现数量庞大的火塘，表明该地史前人类半定居模式的存在，以该遗址为代表的黄河中游是探索华北粟作农业起源的核心区域。

细石叶

旧石器时代
长1.7cm 宽0.47cm 厚0.15cm
山西临汾吉县柿子滩遗址出土

细石尖尖利切割

在旧石器时代晚期，人类面临气候干冷、资源短缺的问题，为此，不得不提高狩猎技术来维持生存，于是发明了更加适应狩猎生活的"细石器"。

这件细石叶是细石器的代表工具之一，为浅褐色燧（suì）石，去头断尾，背面有一条纵脊，断面近似三角形，较为平直。这种石叶通常作为复合工具使用，由多件细石叶横向镶嵌在骨、角材料的开槽中作为石刃刀的刀刃，以方便切割和加工动物的皮肉等材料。

细石器一般是指采用间接打击法制作成小型细石核、细石叶，以及用它们进一步加工或组合而成的石器。与制作其他石器相比，制作细石器的工匠不仅有清晰严谨的产品技术设计，还有更娴熟精湛的技艺，能将这些精细的设计变成实用的工具，这也反映出这个时期石器打制技术前所未有的进步性与复杂性。

小知识：柿子滩遗址

柿子滩遗址位于山西临汾吉县清水河下游，1980年发现并试掘，2000年之后又经多次考古发掘，发现火塘等遗迹现象300余个，出土石制品、动物化石、蚌质穿孔装饰品等近10万件，是中国目前发现的距今2万—1万年面积最大、堆积最厚、内涵最丰富的一处原生埋藏遗址，对于研究华北旧石器时代向新石器时代的过渡、早期农业起源、现代人起源等学术问题意义重大。

柿子滩遗址出土的一枚人类门齿，是目前中国距今2万年左右的露天遗址中少见的人类化石，证明"柿子滩人"处于晚期智人的较晚阶段。

第二单元
华夏直根

山西新石器时代文化遗存遍布全省，已发现2000余处。从枣园文化到西阴文化，文明的坐标越来越清晰。西阴彩陶上的玫瑰花图案，被认为是中华之"华"的直接渊源。

距今6000年前后，黄河流域农业迅猛发展，人口增多，社会复杂化程度加快，社会冲突和族群迁徙加剧，推动着史前文明的进程。距今4000年前后，晋南出现陶寺都邑文明，晋西北黄土高原出现石城文明，呈现了最初中国的样貌。

枣园稼穑

1991年在翼城县发现的枣园遗址是山西迄今经科学发掘的最早的新石器时代遗存，距今7000—6400年。该遗址2万平方米范围内出土的大量遗物，集中呈现了早期田园农家的样貌。

枣园遗址的农业以种植谷物为主，有石斧等生产工具，以及加工粮食的石磨盘、石磨棒等。陶器以平底瓶、盆、钵、碗等日用器为主，泥质红陶居多，施有简单彩绘。此外还有骨器、角器等生活器具。

> **小知识：仰韶文化**
>
> 仰韶文化是指黄河中游地区一种重要的新石器时代彩陶文化，其持续时间为距今7000—4600年，分布在甘肃省到河南省之间的黄河流域。因1921年首次在河南三门峡渑池仰韶村发现，按照考古惯例，将其命名为仰韶文化。
>
> 仰韶文化早期阶段（距今7000—6000年）的彩陶以黑彩为主，纹饰多为写实风格；仰韶文化中期（距今6000—5300年）的彩陶依然以黑陶为主，还出现了红彩、白衣彩陶等，纹饰以几何图案构成的花卉纹为主；仰韶文化晚期（距今5300—4600年）以红彩为主，纹饰趋于简洁，主要有条纹、网格纹、圆点等。
>
> 山西省地处黄河中游，多处遗址均发现了仰韶文化时期遗存，出土了大量陶器及少量石器、骨器等，为研究仰韶文化中晚期的文化面貌提供了实物资料。

双耳小平底陶壶

新石器时代　仰韶文化早期
高44cm　口径8.5cm　腹径30cm
山西临汾翼城枣园村出土

田园农家小陶壶

这件陶壶是枣园遗址唯一的一件几乎完整的小口壶，泥质红陶，器壁较厚，外表呈深红色，表面有慢轮修整时留下的线状抹制痕迹，这种痕迹也见于口沿内侧。口沿上部较平，内唇下收缩为折沟状，束颈，鼓肩，肩腹交接处呈圆弧状鼓出，腹中上部附两个对称的牛鼻状桥形竖耳。

枣园遗址是山西省迄今发现最早的新石器时代典型遗址，属于仰韶文化早期。枣园遗址出土的器物主要是陶器，且多为泥质红陶，夹砂褐陶次之，以钵、盆、壶、夹砂罐等器物为主要组合，有泥质双耳折唇壶、圜（huán）底钵、平底钵、假圈足钵、折腹平底钵、盆、三足盂、器座及夹砂鼓腹罐、直腹罐、釜等。

枣园遗址所在的山西翼城，位于汾河与浍河的交汇处，是黄河流域东西文化交流的要道，独特的地理位置让它在文化交流中占据优势，为更先进文化在此出现创造了条件。

西阴之花

1926年，中国现代考古学先驱李济主持的夏县西阴遗址发掘，是中国人第一次独立主持的现代田野考古，具有划时代意义。西阴遗址以庙底沟文化时期遗存最为典型，彩陶色彩鲜艳、构图明快的玫瑰花图案被认为是"华"族的图腾。庙底沟文化在6000—5000年前，扩散范围覆盖大半个中国，奠定了早期中国的基本版图。

小知识

李济博士与西阴考古

李济（1896—1979年），字济之，湖北钟祥人，中国现代考古学奠基人。早年毕业于清华大学，后留学美国，获哈佛大学哲学博士学位。1926年任清华国学研究院人类学讲师期间，李济先生主持了西阴遗址的考古发掘，并在此基础上提出该遗址的遗存最接近于安特生"六期说"中的仰韶期。作为第一次由中国学者独立主持的田野考古发掘，这项工作在中国现代考古学上具有里程碑意义。

仰韶之星灿银河

彩陶罐

新石器时代　仰韶文化中期
高21cm　腹径23cm
山西运城垣曲下马村出土

　　西阴村遗址是一处底蕴丰富的仰韶时代村落遗址，以施加圆点、涡纹、弧线及弧形三角纹等纹饰的彩陶器为主要特征，流行小口尖底瓶、曲腹的盆、钵等器形。

　　这件彩陶罐是仰韶文化庙底沟类型中的代表性器物，泥质红陶，侈口，束颈广肩，腹壁向下收缩成小平底。口沿内壁绘黑彩宽条纹，肩部和腹部共有四组黑彩花卉纹饰，下腹未经磨压，较粗糙。

　　庙底沟类型是仰韶文化鼎盛时期最具代表性的考古学文化类型之一，主要分布在晋、陕、豫交界地带，多彩多姿的彩陶是它的特征，其代表器物最为著名的是花瓣纹彩陶盆和鹳鱼石斧图彩陶缸（藏于中国国家博物馆）。

明快艳丽饰流畅

彩陶瓶

新石器时代　仰韶文化中期
高36.1cm　口径3cm　耳间距18cm
山西运城垣曲下马村出土

　　这件彩陶瓶泥质红陶，蒜头瓶口，短颈，溜肩，深腹，平底，腹中部两侧有竖耳。肩部绘有两组对称的黑彩涡纹，腹部刻划有倾斜状线纹，图案布局规整，线条自然流畅。

小知识：下马遗址

　　下马遗址位于山西运城垣曲下马村，发现于20世纪50年代，2000年发掘，清理出房址6座、成人墓葬18座、瓮棺葬7座、灰坑50座、壕沟一段。该遗址出土的彩陶纹饰精美、红、黑两色对比鲜明，绘制技法高超，体现了这一时期花卉纹图案的构图特征，属于典型的庙底沟文化风格。

彩陶盆

新石器时代　仰韶文化中期
高23.6cm　腹径35.3cm
山西吕梁方山峪口乡采集

连绵往复幻无穷

　　此盆为盛食器，泥质红陶，口沿及腹部用黑彩绘以圆点、直线、几何纹、三角纹组成的图案，是仰韶文化庙底沟类型的典型器物。

　　随着种植技术的发展，植物题材的花瓣纹被先民们更广泛地用于陶器装饰。这些花纹大多使用等分圆分割法，花瓣呈轮花形；有的则采用横向平行切割法，把花朵上下平行分割成几部分。除了各类花瓣纹，应用最广泛的还有由直线与曲线组成的曲边三角纹，不同的三角纹组合构成的整体纹饰，或相对或相背，或单体或连续，既高度抽象概括，又不失灵活多变的效果，动感强烈，韵律明显。

灰陶斝

新石器时代　庙底沟二期文化
高20cm　口径8cm
山西运城万荣荆村出土

一点炊烟出荆村

陶斝（jiǎ）是新石器时代的一种炊器，一般由盆形或罐形的器物在底部加装三个分体空袋足而成。

这件灰陶斝出土于荆村遗址，大口，高颈，扁圆腹下垂，平底，底有较高的袋形空心足，足外撇，器物素面无纹。

小知识：荆村遗址

荆村遗址，位于山西运城万荣万泉乡，地处峨嵋岭北侧，面积约10万平方米，为仰韶文化庙底沟类型和庙底沟二期文化并存的遗址。该遗址最早由山西籍考古学家卫聚贤发现并主持发掘，发现地穴、炉灶、屠宰处等遗迹，以及石器、骨器、陶器、蚌器等各类器物。荆村遗址是中华人民共和国成立之前山西地区较早发掘的重要新石器时代遗址，也是最早由山西籍考古学家主持发掘的遗址。

卫聚贤——山西考古"第一人"

卫聚贤（1899—1989年），字怀彬，山西运城万泉（今万荣县）人。1927年毕业于清华国学研究院，历任暨南大学中国公学、持志大学教授。曾主持发掘南京明故宫、栖霞山三国墓葬等遗址，并致力于江浙古文化遗址调查。

受李济发掘西阴遗址的影响，卫聚贤于1930年10月在其家乡万泉县西杜村开展了考古发掘工作。1931年，他又主持发掘了荆村遗址。

卫聚贤是我国现代考古学的奠基人之一，也是最早从事考古学工作的山西人，在中国考古学史上占有重要地位。

帝尧之都

陶寺遗址是距今4000年左右黄河中游规模最大的都邑性遗址。这座规模空前的城址，有着秩序井然的分区、气势恢宏的宫殿、中国最早的观象台、等级分明的墓葬、内涵丰富的文物……其历史年代、地理位置、文化内涵、规模等级、文明程度等，与史籍所载的"尧都平阳"契合。

小知识：陶寺遗址

陶寺遗址位于山西临汾襄汾陶寺村南，发现于20世纪50年代，是新石器时代晚期的超大型文化聚落。

1978年以来，探明该遗址面积近300万平方米，确认遗址年代为距今4300—3800年。经过三代考古人40多年的努力，发掘出的陶寺遗址城市功能完备，规划明显。清理出宫城、贵族居住区、普通居民区、王陵区、礼制建筑区、仓储区、手工业作坊区等功能区域。发掘墓葬千余座，出土了铜器、彩绘龙盘、土鼓、鼍（tuó）鼓、特磬、玉器、漆木器、圭尺、壁画等精美文物。

陶寺遗址作为"中华文明探源工程"的重要遗址，对复原国家产生的历史及探索中华文明的形成具有重要的学术价值。

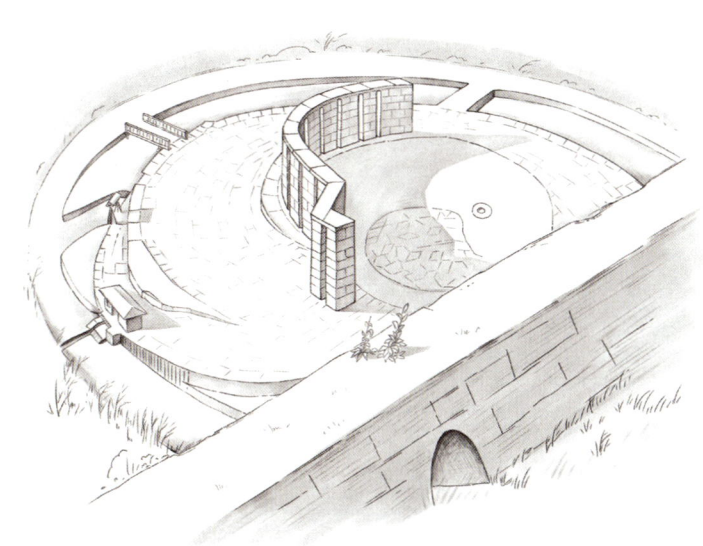

陶寺遗址观象台想象复原图

小知识：观象台遗址

　　观象台遗址位于陶寺遗址东南部，是迄今为止我国发现的最早的精密天文观测遗迹。观象台遗址为直径约60米的半圆形建筑基址，面积1740平方米。以观测点为圆心，由北向南呈扇状排列着13个土坑，即原有夯土柱。经模拟观测验证。通过土柱间缝隙向东观测塔儿山日出，可以确定时令、节气，安排农耕，具备授时功能，印证了史籍有关帝尧"敬授民时"记载的真实性，也为"尧都"的确认提供了有力证据。

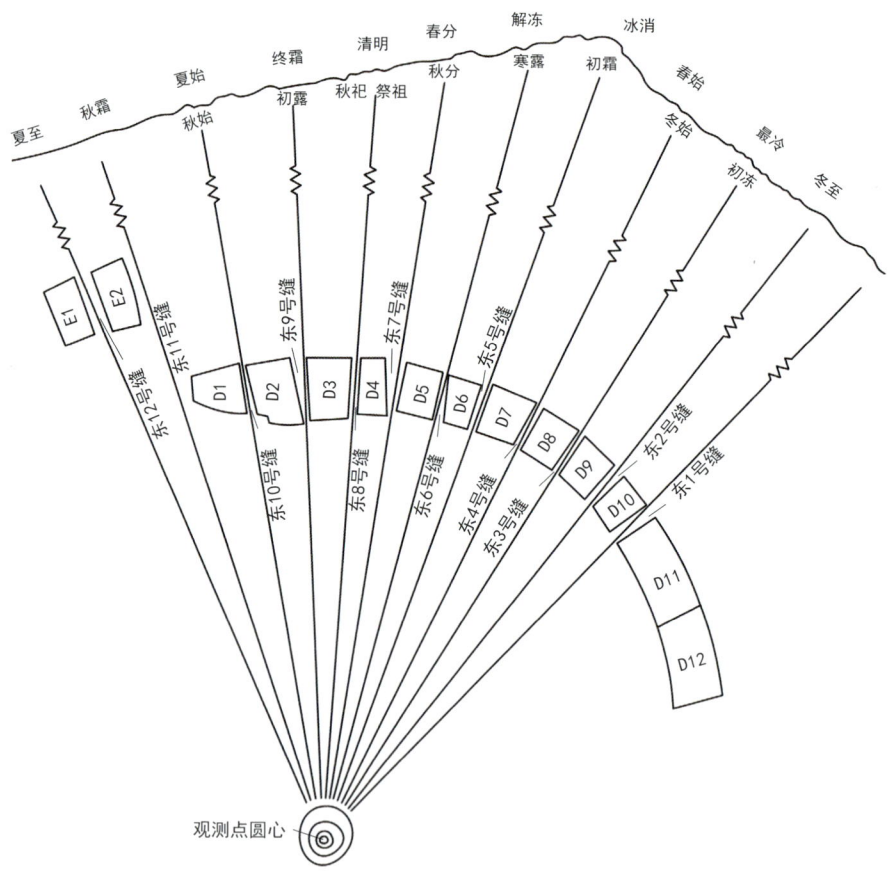

观象台模拟观测示意图

小知识：陶寺遗址22号大墓

　　陶寺遗址22号大墓是陶寺中期规模最大、等级最高的一座王墓。为竖穴土坑墓，圆角长方形。出土器物有彩绘陶器、乐器、圭尺、玉石器、漆木器、骨镞以及公猪下颌骨等。在墓主头端的基壁上，放置一具猪下颌骨，在其两侧各摆放3件带彩漆短木柄的玉钺。有学者认为这是《周易·大畜》"豶（fén）豕之牙，吉"的表象。豶豕之牙即被阉割过的公猪的牙，6件象征军权和战争的玉钺，钝锋，无使用痕迹，表达成而不用、修兵不战、威慑制暴、崇尚文德的意思，印证了墓主人的军政"王"权。

陶寺遗址22号大墓结构示意图

石磬天籁八音谐

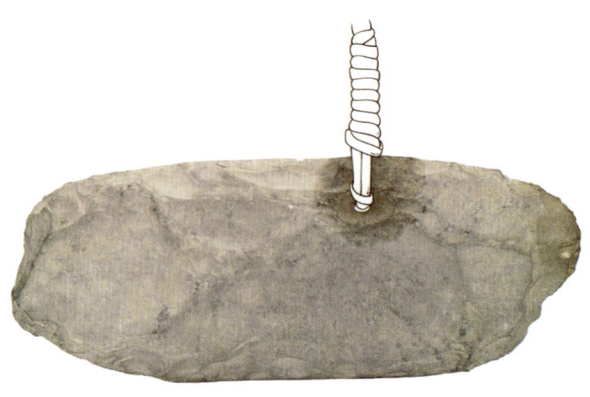

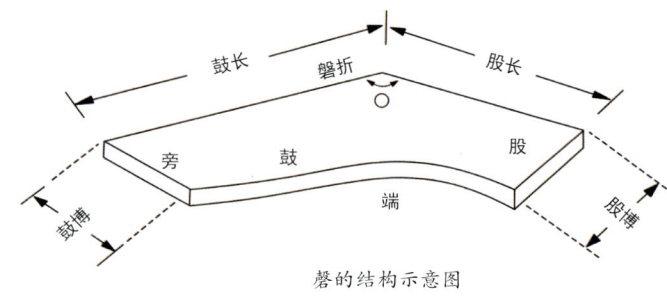

磬的结构示意图

特磬

新石器时代　龙山文化时期
长79cm　高32cm　中部最厚5.5cm　底缘厚1cm
山西临汾襄汾陶寺村出土

　　磬是中国古代特有的一种石质乐器，古人认为其声清脆悠扬可以通神达天，因称"天籁"。

　　陶寺出土的4件石磬，是年代最早且集中出土数量最多的一组，对于研究磬的起源、演变以及中国早期打击乐器的发音特点等都弥足珍贵。这件特磬（单独悬挂的磬称为"特磬"）用灰色角页岩打制，并经琢、磨，四周边缘仍留有打制时形成的瘢痕。磬体呈不规则五边形，顶、底近平，无倨句，唯偏股部顶缘略显弧度，偏鼓部一端磬底向上缓收。股与鼓的宽窄相近，股短而较厚，鼓长且略薄。偏股部近顶端有一圆形孔。

彩绘蟠龙盘

新石器时代　龙山文化时期
高7cm　口径36.5cm
山西临汾襄汾陶寺村出土

登龙飞天气宇轩

　　这件彩绘蟠龙盘是陶寺遗址中最富特征的器物，也是迄今在中原地区所见蟠龙图像的最早实例。盘身内，以陶衣为底色，绘红彩蟠龙图案，龙身向上螺旋盘绕，龙头止于近盘口处，象征着龙盘旋升天，可称为"登龙"。整体身形饱满而外张，沉稳而强健，威严而神秘，气质不俗。

　　龙，是中华民族的神物，数千年来一直享有崇高的地位，至今我们仍自称为龙的传人。引人注目的蟠龙盘，与一批礼器性质的重器同出于大墓，绝非偶然，充分说明在这个处于中国早期国家形态的社会中，已经将龙作为崇拜的图腾。

彩绘蟠龙盘纹饰

文明摇篮

土鼓

新石器时代　龙山文化时期
高80.4cm　上口径25.6cm　最大腹径41cm
山西临汾襄汾陶寺村出土

鼓是中国较早出现的传统乐器之一，它是以陶土为框、两面蒙皮的一种原始打击乐器。除了未能保存下来的木鼓，陶寺土鼓是中国鼓类乐器的最早标本——用鳄鱼皮之类的皮制品蒙在前口上，打击时，通过鼓腔共鸣从另一侧的音孔发出声音。

陶寺共出土6件土鼓。这些土鼓器形的基本特征是：腹部近圆球形或近卵形，上接一筒状颈，如同长颈葫芦。筒颈口的外周有一到二周呈圆柱状或圆饼状的钮。腹部器表普遍压印密集的绳纹，腹底中央凸出一筒状孔，主孔周围又环列三个筒状小孔。颈、腹交界部位往往设桥形竖耳一对，仅个别认为是明器的无耳。

此土鼓为泥质灰陶，烧制温度较高。其体形肥硕，颈粗短，腹近卵形，颈腹间无明显分界。土鼓上口微内敛，颈口周围用泥片加厚，并附饼状圆钮一周，共11枚。筒颈器表磨光后，用多道弧线形刻划纹和压印凹点纹组成蜷曲的蛇躯鳞身样图案。腹部器表遍施绳纹，其上又饰以多道泥条交叉组成菱格形或近三角形图案，泥条上又滚压绳纹。

土鼓的出土，使这种早已失传的乐器重新被人们认识，填补了中国古乐器史的一项空白，并为中原地区土鼓形制演变研究树立了重要标尺。

> **小知识：陶寺陶器**
>
> 　　陶寺陶器主要出土于宫城和居民区，礼制建筑中少见。种类主要有斝（jiǎ）、豆、盘、盆、罐、釜、缸、灶、鬲（lì）等。以蟠龙纹盘为代表的彩绘陶器、土鼓及朱书文字扁壶等，是王权礼乐的象征。
> 　　日用器方面，早期炊器以釜灶为主，中期受北方文化影响突然出现陶鬲，并在晚期逐渐增多。折腹盆、大口罐等则具有东方文化因素。多种文化的交流融合，反映出早期文明一体化的趋势。

彩绘陶壶

新石器时代　龙山文化时期
高24cm　腹径13cm
山西临汾襄汾陶寺村出土

陶彩礼用显身份

　　此壶侈口，高领，广肩，肩以下内收成小平底。泥质褐陶，外施黑色陶衣。颈下部有红色条带一周，肩部以磨光黑陶衣为地，上用红彩绘卷云纹，下腹饰绳纹。

　　彩绘陶是指烧成后着彩的陶器，出现于新石器时代晚期。陶寺遗址出土的彩绘陶器，主要有壶、盘、盆、折肩罐、豆、瓶等器类。一般以黑色陶衣为地，施以红、黄、白、蓝等色，绘出圈点纹、条带纹、几何纹、涡纹、云雷纹、龙纹、变体动物纹等图案，多种纹饰勾连，十分精美。陶寺彩绘陶器多出土于早、中期的大、中型墓葬，属于代表墓主身份地位的陶礼器。

文明摇篮　035

尧都朱书启文明

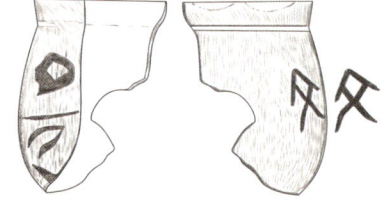

朱书扁壶纹饰

朱书扁壶

新石器时代　龙山文化时期
高30.2cm
山西临汾襄汾陶寺村出土

　　扁壶是陶寺遗址中最具地方代表性的一类器物，用于汲水。其造型特征是口部和腹部一面鼓凸，另一面扁平或微凹，便于取水；颈或口部设泥鋬（pàn），便于系绳。距今5000年左右，在陶寺文化之前，临汾盆地已经出现这种器物，而与陶寺文化同时期的其他文化中却很少发现扁壶。

　　陶寺遗址的朱书扁壶出土于城址内的居住区，侈口，斜颈，颈腹间分界明显。器表饰细条竖蓝纹，双鋬面各有凹槽两道。朱书文字位于扁壶鼓两面，字有笔锋，似为毛笔类器具书写。其中一个为"文"字，另外一个字，学界有"尧""命""邑"等多种解释。

　　文字是人类社会发展到一定阶段的产物，也是古代文明出现的重要标志。朱书文字的发现，不仅证明了中国文字的一脉相承，而且对于判定"尧都"也具有重要意义。

直口肥足鬲

新石器时代　龙山文化时期
高47cm
山西临汾襄汾陶寺村出土

　　这是一件大型鬲（lì），直口、直领，下连三个肥胖袋足，口沿下施两个对称钮。通体拍印绳纹。
　　陶鬲最早出现在新石器时代晚期，是先民们日常生活中的重要炊具。其最明显的特征是三个袋状足，足为中空设计，与器腹相通，这种构造不仅能扩大容积，更通过增加受热面积让食物熟得更快，显著提高了炊煮效率。
　　陶鬲主要流行于黄河中上游地区，后来随着社会发展与文化交流的深入，其使用范围扩展至华北、东北、西北等地区。至夏商周时期，陶鬲逐渐被青铜鬲取代，但在平民阶层仍有沿用。

大型陶鬲足腹通

文明摇篮　037

"V"字形石刀

新石器时代　龙山文化时期
长24cm
山西临汾襄汾陶寺村出土

石刀有序遵礼仪

陶寺遗址中发现的磨制石器众多，除了斧、刀、锛、凿等常见的农业生产工具之外，还有"V"字形石刀这类器型较为特别的石器。

这件"V"字形石刀出土时位于男墓主足端右角的木俎上，采用暗灰间青灰色的角岩制成，刀身略宽于柄，前端扁薄出锋尖，柄与刀身的交角约为60°，刀身下缘连同锋尖上缘及刀身后端转角都磨出弧刃，后端刃部残损较明显。

类似形制的石刀在良渚文化中也有发现，此前学界认为其是破土器，属于犁类。后随着陶寺遗址的这类石刀伴随木俎、猪骨一起出土，得以确认其为厨刀。

这种"V"字形石刀多用于重大礼仪场合。成组的厨刀大小成列，具有礼仪性质，表现等级地位。

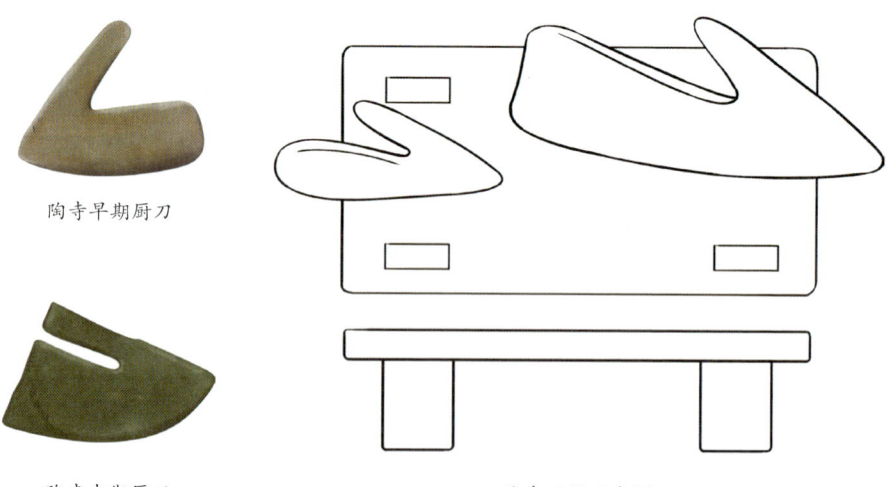

陶寺早期厨刀

陶寺中期厨刀

陶寺刀俎示意图

双目微醺玉为礼

玉神面

新石器时代　龙山文化时期

长6.5cm　宽3.3cm

山西临汾襄汾陶寺村出土

　　陶寺遗址的大型墓葬中，出土了许多玉器，种类以礼玉为主，配饰为辅。

　　这件玉神面形体扁平，整体大致呈倒三角形，系一抽象的神人形象。顶部轮廓戴有冠，两侧伸出并上弯，似一种翼状的发式；双眼镂空，似半睁半合；下部三角处钻圆孔一个，似神人之嘴，又可以作为系绳使用。这件玉神面的边缘、眼眶和竖眉使用减地阳纹线条雕。其玉质润泽，造型凝练，体现了墓主人尊贵的身份。

小知识：陶寺玉器

　　陶寺出土的玉器主要有琮、璧、联璧、刀、钺、箍形器、玉神面等种类，是陶寺礼器群的重要组成部分。其中，玉琮、玉璧受到良渚文化影响，玉钺与双孔刀有黄河下游地区的文化因素，玉神面与江汉一带的玉人相似。陶寺玉器融合四方文化精华，自成体系，并在制作工艺上有所创新，展现出早期国家与文明形成阶段的文化的多元与交融。

玉琮通天握神权

上

下

玉琮

新石器时代　龙山文化时期

上，宽7cm　高1.4cm

下，宽5.2cm　高2.5cm

山西临汾襄汾陶寺村出土

　　上面这件玉琮为白云母质地，颜色为绿色，其间杂有白色晶体，是陶寺遗址出土琮中最扁矮的一件。四边有竖向浅槽，底部磨平。出土时位于男墓主的右臂肘下，其上叠璧一件。

　　下面这件玉琮为青绿色，四角形，外方内圆，制作精致。琮是神权的象征。外形四方象征大地，层叠通往天空，内部圆孔象征天神与人间的通道，持有者可以将神的意志传达到人间。

　　陶寺遗址琮的数量较少，仅出土了13件。琮的质料以假玉（包括大理石、滑石、白云母）为多，凡软玉及滑石、白云母制品都较规整、精致，保存也较好，大理石则受沁较严重。其形制包括外方内圆和圆形两种，都是扁矮的单节，器高在2～5厘米之间为多。

池南之民

很久以来，食盐都是人类赖以生存的重要物资。地处运城盆地南端，中条山北麓的盐池（解池），是我国最古老的内陆盐湖，先秦文献多有记载。

据专家推测，史前时期盐湖附近的居民已经采集天然结晶盐，盐池南边则生活着控制食盐外销、以此为谋生手段的人群，如清凉寺墓地人群。清凉寺墓地所处位置北通盐池，南达黄河干流渡口，为连接二者的交通要道。

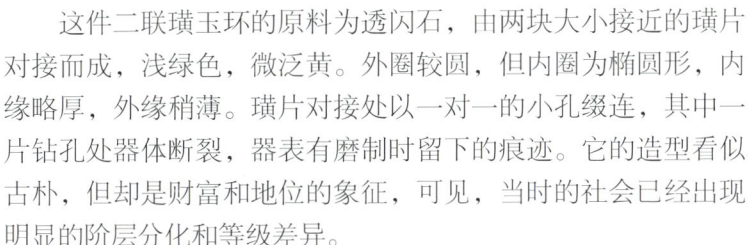

贫富分化清凉寺

二联璜玉环

新石器时代　龙山文化时期
外径10.2cm　内径4.8～5.6cm　厚0.2～0.5cm
山西运城芮城清凉寺墓地出土

这件二联璜玉环的原料为透闪石，由两块大小接近的璜片对接而成，浅绿色，微泛黄。外圈较圆，但内圈为椭圆形，内缘略厚，外缘稍薄。璜片对接处以一对一的小孔缀连，其中一片钻孔处器体断裂，器表有磨制时留下的痕迹。它的造型看似古朴，但却是财富和地位的象征，可见，当时的社会已经出现明显的阶层分化和等级差异。

小知识：清凉寺墓地

清凉寺墓地位于山西运城芮城东北部，中条山脉南麓，黄河北侧，总面积近5000平方米，年代为距今4300—3800年，与陶寺遗址相当。2003—2005年进行了集中发掘，出土遗物以玉石器最具代表性。

清凉寺墓地出土的玉器造型古朴，制作精美，特色鲜明，主要为钺、琮、璧、环、多联璜、带孔刀等礼器。这些器物与鳄鱼骨板、兽牙、猪下颌骨等象征财富、地位的遗物，共同反映出当时已经出现明显的阶层分化和等级差异，这也是中华文明探源研究提出的判断进入文明社会标准之一，即社会分工和阶层分化不断加剧，出现阶级。

文明摇篮

高原石城

距今5000年，中国北方地区开始出现以石材作为原料并运用一定技术砌筑墙体的建筑，我们称之为石城聚落。距今4300年前后，以神木石峁（mǎo）、兴县碧村为代表，石城聚落在今晋、陕、内蒙古大量出现。这些石城多随地势砌筑，往往坐落于险要之地，军事属性明显，形成了一个石城文化圈。其为探究中国北方地区的聚落演变、社会进程和文明起源提供了重要资料。

双瓮之城开先河

蛋形瓮

新石器时代　龙山文化时期
高50cm　口径27cm　最大腹径48.3cm
山西吕梁兴县碧村遗址出土

这件蛋形瓮为红褐胎夹砂灰黑陶，陶质较疏松。尖方唇，唇面内倾，出沿，斜直腹，近底部硬折，圜（huán）底，三空尖足。口沿附近磨光，腹部及空足以上饰横丝的浅篮纹。

小知识：兴县碧村遗址

兴县碧村遗址的一大特色是石城聚落，该遗址面积达75万平方米，是一种以石材作为原料并运用一定技术砌筑墙体的建筑，多在险要之地随地势高低而砌筑。

该遗址首次系统呈现了这类石城核心区的建筑布局，是目前所发现的史前时期布局最规整、结构最严密的高等级城门系统，开后世对称双瓮城设计之先河，为探索中国早期政治文明提供了重要资料。

陶罐

新石器时代　龙山文化时期
高25.5cm　口径16cm　腹径28cm　底径16.4 cm
山西忻州偏关天峰坪东遗址出土

此罐敞口，矮领，圆肩，弧腹，平底。下腹饰横篮纹。

篮纹是新石器时代的一种陶器装饰纹样。因其形如竹篮的条状纹，故名。篮纹是用刻有横条纹的陶拍在半干的陶坯上拍打，烧制后器物的表面便有重叠和交错的纹路。此纹饰在仰韶文化中便已出现。

陶坯拍打显篮纹

> **小知识：天峰坪遗址**
>
> 　　天峰坪遗址也称天峰坪东遗址，位于黄河东岸的山西忻州偏关县，遗址面积约2万平方米。考古揭露出护坡石墙、石砌房址、半地穴房址、灰坑等遗迹现象，出土了大量篮纹陶片，以及石磨盘、石磨棒。天峰坪石城年代上限在距今4800年，属于河套地区最先兴起的史前石城之一，其发现进一步完善了对北方石城空间分布的认识，为探索中国北方石城文化的源头提供了重要材料。

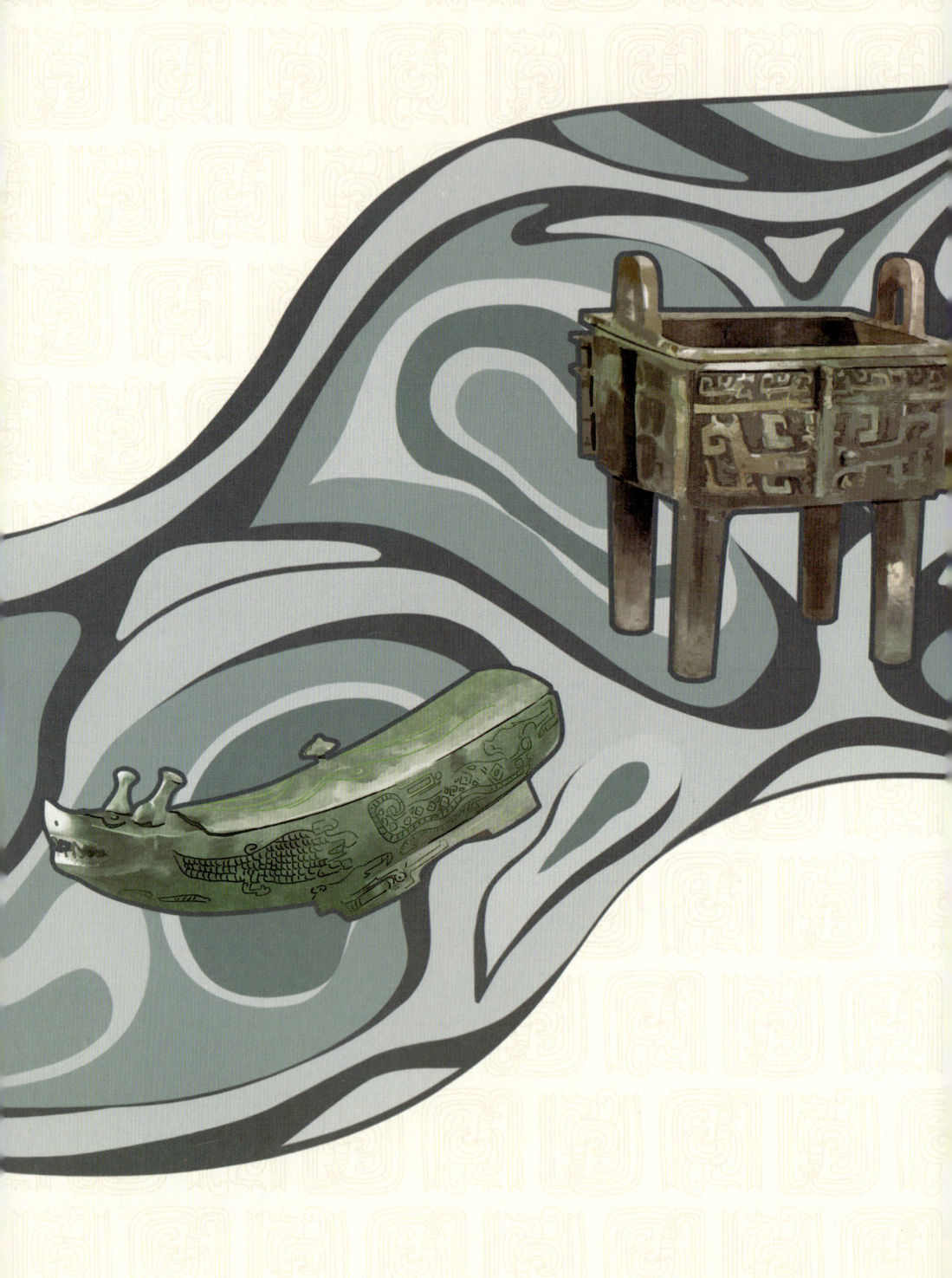

夏商踪迹

  公元前21世纪，中国第一个王朝——夏建立，各项社会制度逐步形成，社会生产力有了很大发展，阶级分化日益加剧，中国进入早期国家阶段。夏王朝中心区域主要在河南中西部和山西南部。在山西境内发现了众多夏时期的文化遗存，山西南部还有着"夏墟"之称的遗址群。

  继夏而起的商王朝，国家体制趋于完备，农业、手工业和商业得到进一步发展，政治地理疆域更为扩大，文明程度达到青铜时代的第一个高峰。山西已发现的诸多商文化遗存，呈现了商时期多元共融的文化面貌，反映了山西在商王朝500多年历史进程中的重要作用和独特地位。

第一单元
大夏之墟

夏是中国历史上第一个世袭制王朝。《尚书·禹贡》以地理为径，分天下为"九州"，山西南部属"冀州"之地。文献记载的禹都"安邑"，以及"唐""大夏""夏墟"都在这里。山西已发现夏时期遗存600余处，以临汾和运城盆地最为集中，其中又以夏县东下冯遗址最为重要。山西中部的太谷白燕、太原东太堡和忻州游邀等遗址，既有典型夏文化的特点，又具浓郁的地方特色。

青铜镞
夏代
长6.2~6.9cm
山西运城夏县东下冯遗址出土

铜镞锋利血染霜

青铜镞是安装在箭杆前方的锋刃部分，用弓弦弹发可射向远处，在夏代已经出现，是最早出现的青铜兵器之一。

这组青铜镞形态规整，镞脊凸起，两侧伸出扁平双翼，向前聚成尖锋，镞尾有用于出入箭杆的圆铤（tǐng），是典型的双翼游脊镞。这种镞出双翼的形制，较新石器时代骨镞有了很大进步，一直沿用到商代。商代遗存中出土的大量青铜镞，基本上都继承这一形制。用青铜制作消耗性很大的铜镞，从侧面反映了青铜铸造在当时已初具规模。

泥火交融在晋中

灰陶绳纹蛋形瓮

夏代

高72cm　口径9.5cm　腹径60cm

山西太原北郊新城乡光社村出土

　　这件灰陶绳纹蛋形瓮为泥质灰陶，敛口，溜肩，卵腹，尖圆底，三锥形足外撇，实足跟，通体饰绳纹。器下部饰乳状矮袋足，既平稳，又利于通风、防潮。

　　蛋形器是由仰韶文化尖底瓶与河套地区土著文化的蛋形瓮相结合而产生的新器型，颇具地域特色。

　　蛋形瓮最早产生于新石器时代晚期的晋中地区，一直沿用至春秋时期，主要作为盛贮器使用，有的也用作瓮棺葬和墓葬随葬品。它不仅是一件实用的生活用具，也是我们研究了解古人生活和工艺技术的重要实物资料。

　　晋中地区是指考古学文化上广义的区域范围，即"北起雁门关，南至灵石口，以太原盆地和忻定盆地为中心，包括晋东山地和晋西高原山地的部分地区"。这一地区经过调查、发掘的夏时期遗存有20余处。晋中地区既是连接南北方考古学文化的纽带，同时也和东西方考古学文化保持着不同程度的联系，由此形成了夏时期遗存丰富多彩的文化特色。

晋南陶器寻先绪

灰陶绳纹大口尊

夏代
30.6cm　口径33.6cm　底径7.2cm
山西运城夏县东下冯遗址出土

　　这件大口尊为夹砂灰陶，高领，束颈，腹壁斜直下收，口径大于腹径，小凹底。器腹通体饰绳纹，并加饰弦纹十数周。整器造型古朴，纹饰粗犷，展现出夏商时期的制陶工艺水平。

　　东下冯遗址是晋南地区迄今发现的规模最大的夏商时期聚落之一。该遗址出土了陶器、骨器、石器等大量遗存，其中陶器数量最为丰富，包括炊煮、贮藏、盛食等多种功能器类，典型器型有鬲（lì）、尊、罐、盆、甑（zèng）、斝（jiǎ）、蛋形瓮等，而大口尊正是该遗址出土数量最多的器型之一。

甗鬲合体成妙器

灰陶绳纹甗

夏代
高42cm　口径37cm
山西运城夏县东下冯遗址出土

　　这件陶甗（yǎn）由上甑下鬲组合而成，夹砂灰陶质地。甑部口沿内折成敛口，腹壁斜直逐渐下收，束腰，下接三个大袋足，足尖为实心圆锥形。器表通体饰绳纹，口沿下方与腰部上方各附加泥条一周，腹部以泥条贴塑形成连续几何纹饰带，纹饰较为规整，展现了当时的陶器制作工艺。

　　甗是一种用来蒸煮食物的炊具，使用时将食物置于上下部之间的箅（bì）上，往下部的鬲中注水，通过加热使水沸腾产生蒸汽，进而蒸熟甑中的食物。其功能与现代蒸锅类似。

鋬手偏斜展异趣

灰陶绳纹鬲

夏代
高35.2cm　口径21.2cm　最宽30cm
山西忻州游邀遗址出土

　　这件灰陶鬲（lì）为厚圆唇，斜直领，领上饰斜篮纹。三袋足整体呈溜肩状，最大横径位于通高二分之一处，足底有较长的实足跟。长圆形双鋬（pàn）上饰戳印窝纹，袋足饰细绳纹，纹痕较浅，纹理规整，器表整体灰褐色。

　　游邀遗址出土的双鋬鬲根据鋬手位置可分为对称双鋬鬲和非对称双鋬鬲两类。此鬲鋬手一个在裆部，另一个在与之对称的另一袋足外侧，为非对称双鋬鬲的典型器物。

绳纹陶罐现白燕

灰陶绳纹小口罐

夏代
高38.2cm　口径12cm
山西晋中太谷白燕遗址出土

　　这件小口罐为敞口，溜肩，最大径位于肩部，斜直下收至平底。通体饰粗绳纹，肩部饰四组弦纹。
　　白燕遗址位于山西中部太原盆地，其文化延续时间较长，从新石器时代的仰韶文化延续至龙山文化，并进一步延续到夏商文化，是系统研究晋中地区文化遗产发展序列的重要遗址。

第二单元
殷商重地

山西地处商王朝的重要统治区域，无论是处于王畿之内的山西南部，还是位于畿外或边域的山西中西部，都发现了重要的商文化遗存。山西南部是商王朝直接统治的地区，拥有铜、盐等重要战略资源。考古发现的垣曲商城平陆前庄遗址、中条山矿冶遗址等都表明了这一地区在商代的重要性。

山西还存在许多与商王朝若即若离的"方国"，主要位于黄河东岸昌梁山沿线，在此发现的商代后期遗存，既有商文化特征，又具北方草原文化特色，呈现出别具一格的文化面貌，体现了多元一体的中华文明特性。

青铜技艺渣中现

铜炼渣

商代

长2.6cm　宽1.7cm　厚0.5~1.5cm

山西运城夏县东下冯遗址出土

　　铜渣是炼铜过程中产生的渣，属有色金属渣的一种。在东下冯遗址中，除发现有铜炼渣石范等冶铜遗物外，还发现有十余件铜器，主要是铜刀和铜镞，对于了解和研究商朝前期的青铜冶炼技术具有重要价值。

　　在距离东下冯遗址不远的地方，坐落着中条山铜矿，这里开采活动历史悠久，东下冯遗址当时的居民可能已经来这开采过铜矿资源。

小知识：东下冯商城盐仓基地

　　东下冯商城位于山西运城盆地东缘，东倚中条山，南距著名的产盐地运城盐池约30千米，面积约12万平方米，是一处商代前期城址。城内发现有圆形建筑基址、道路、灰坑、水井等，城墙外有城壕。圆形建筑基址位于城内西南角，约50座，排列整齐。基址土壤中盐分浓度高，推测为储盐仓房。该城可能是商王朝为获取盐业资源所建立的。

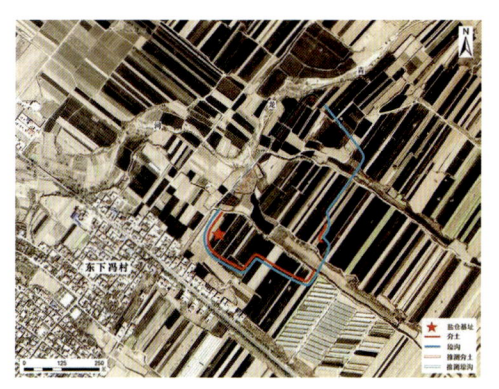

东下冯商场示意图

夏商踪迹　053

卜骨

商代
长14.8cm 宽10.5cm 厚0.6cm
山西运城夏县东下冯遗址出土

骨骼代问神旨意

　　这件卜骨，上有孔洞和灼点，未见契文。

　　卜骨是占卜所用的动物骨块，多用牛、羊、猪等动物的肩胛骨加工而成，夏商时期人们盛行向神灵求问占卜，人们在一些大事之前难以做抉择或者难判福祸之时，便希望得到神灵的指示。占卜时人们先在骨头上钻孔，然后把骨头放在火上烤，直到骨头上出现裂纹，人们根据裂纹的形状和长短寻找答案，正是因为有钻孔和灼烧，所以出土的卜骨几乎都有残缺。到了商代，人们除了使用动物骨骼外还会用龟甲，将要占卜的问题刻在骨骼和龟甲上然后钻孔火烧。最后事情占卜结果也刻到骨头上，就是甲骨文，又称"契文"。

灰陶弦纹双耳壶

商代
高23.8cm 口径8.2cm 底径7.2cm
山西运城夏县东下冯遗址出土

小口深腹宝物藏

　　此壶泥质灰陶。上为小口，窄沿，鼓腹，双耳位于肩腹交界处，腹部以下逐渐内收，底部微凹近平。肩、腹部均饰弦纹，腹部近底处饰细密的绳纹。

象形大尊酝佳酿

灰陶大口尊

商代

高36.8cm　口径35.5cm

山西运城垣曲古城南关遗址出土

　　大口陶尊最早出现于新石器时代，至商代仍广泛使用，一般体形较大，因呈大口小底造型而得名。

　　这件灰陶大口尊出土于垣曲商城，敞口，唇沿有凹槽一道，窄肩，腹部急收，小平底内凹。口沿内饰阴弦纹一周，颈部磨光，肩部饰附加堆纹，三条阴弦纹将腹部分隔成宽窄不等的四段。第一、三、四段饰细绳纹，第二段饰细绳纹后磨光。

　　在商代甲骨文和金文中，"酒"字的字形均与大口尊外观相似，其"酒"字来源可能就是取大口尊之象形，表明大口尊在功能上与酒有密切关系，可能是酿酒或贮酒之器。

小知识：垣曲商城

　　垣曲商城是一处商代前期城址，该城濒临黄河，地处要冲，又位于夏商时期距离中原王朝最近的铜矿开采和冶炼中心—中条山矿区，战略地位显著。城垣规整，东西墙南半段外张。最为独特之处是西南角筑有夹墙，增强了军事防御功能，也反映出高超的城垣营造技术。这里地近商王朝中心区域，可能是黄河北岸的军事重镇。

　　宫殿区是全城的核心区，位于城址中部偏东处。布局为左右对称的庭院式建筑群，建筑以南北并列的两座长方形大型夯土台基为中心，周围环绕高大围墙、廊庑等附属设施。

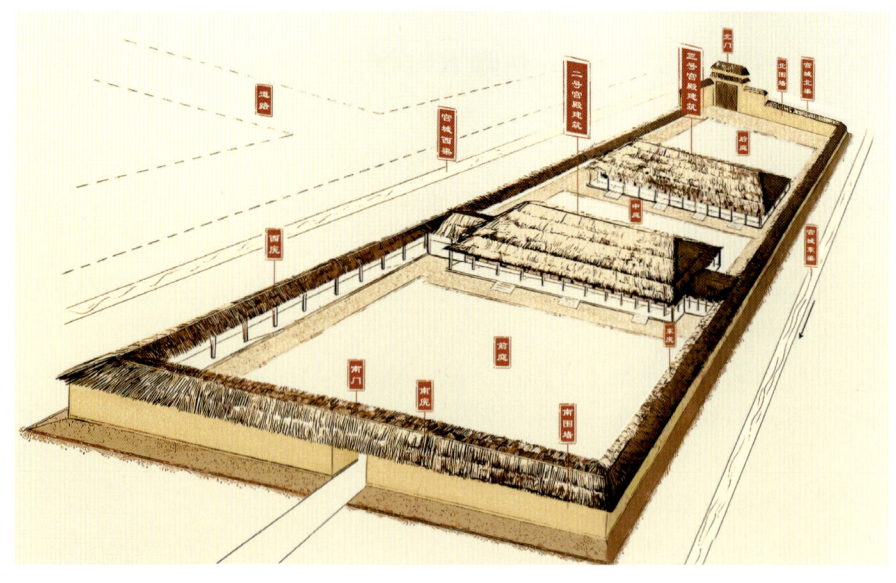

宫殿区复原示意图

> **小知识：平陆前庄遗址**
>
> 平陆前庄遗址位于平陆县黄河北岸前庄村，时代为商代前期，曾出土有鼎、罍（léi）、爵等一批青铜礼器，其中方鼎和圆鼎是山西迄今所见时代最早的大型商代青铜器，底部残留烟炱（tái）痕迹，推测为"祭河"之物。

重鼎有根国之器

乳钉纹方鼎

商代
高82cm　口部边长50cm
山西运城平陆前庄遗址出土

　　此鼎圆拱形立耳，折沿宽平，直腹，平底，呈方形，空柱足。腹部四周饰带状乳钉纹，上部夹饰带状兽面纹，足上部饰兽面纹。整体造型壮硕古朴，纹饰简洁，具有典型的商代早期特征。

　　商代早期青铜鼎上普遍装饰纹饰，大多为带状，装饰在鼎的上腹部，常见的是抽象怪诞的兽面纹和极其简单的几何纹如弦纹、云雷纹、乳钉纹和连珠纹等。纹饰构图相对简单质朴，多为单层凸起的花纹，不施底纹。

寝孳方鼎

商代
口长19.8cm　口宽15.8cm　高25.6cm
山西临汾曲沃曲村出土

　　该方鼎立耳，平折沿，深腹，平底，柱足，器身有八道扉棱，腹部饰兽面纹，足部饰云纹和重叶纹。这是一件少见的带有长篇铭文的商代标准器，铭文铸在腹部内壁："甲子，王易（锡）寝孳（zī）商（璋），用乍（作）父辛彝，才（在）十月又（有）二，遘（gòu）且（祖）甲日，隹（惟）王廿祀。"另一侧内壁铸有"干、冉"二字。

　　从铭文分析，这是寝孳接受商王康丁的赏赐而铸造的铜鼎，用于祭祀其父亲禀辛，铸造时间是康丁二十年十二月甲子日。

　　商周时期为青铜器时代的鼎盛期，青铜器上的铭文不仅体现出那个时代的社会和文化样态，是史学研究最重要的物证之一，更可以作为对历史事实的补充材料，考古学家通常将其作为第二重证据来验证历史文献的真伪。

铜铭铸刻证真伪

青铜杰作聚晚商

兽形觥

商代
通长22.8cm　通高22.1cm
山西晋中灵石旌介商墓出土

　　这件兽形觥（gōng）出土于旌介遗址，是该遗址出土的青铜器中最精美的一件。这是一件酒器，器体椭圆，状如蹲兽。前有宽流，下承高圈足。盖前端为龙首形，与上翘的流口扣合为颈，高雕粗角尖耳，眉目突出，颈部起扉棱至盖面中部；盖后部作兽面，与前端相反，盖中两侧各置一尖耳状钮；器腹略鼓，以三条扉棱为中轴组成兽面主纹，口沿下饰昂首卷尾夔（kuí）龙纹，圈足饰夔凤纹，均以云雷纹衬底。整体造型别致，纹饰精细繁复，显示出商代后期铜器神秘、狞厉的时代风格。

　　商代晚期的青铜容器无论是在铸造工艺还是在纹饰的精美程度上都代表着青铜时代的最高成就，器类齐全，纹饰繁缛，以各种形式的饕餮纹最为流行，铸造工艺精良，多有精美杰作。

香酒注卣祭天地

雷纹提梁卣

商代
口长15.8cm　口宽12.1cm　高33.4cm
山西晋中灵石旌介商墓出土

卣（yǒu）为古代重要的盛酒器，主要盛行于商代和西周，一般说，商代多椭圆形或方形，西周多圆形。古文献和铜器铭文中，常有"秬鬯（jù chàng）议卣"之说，所以卣也会被用来盛秬鬯这一祭祀用的香酒。

此器器体椭圆，瓜棱形盖钮。肩两侧半环形耳套铸索形提梁，颈前后各有一兽首饰。盖和肩部饰斜方格雷纹，边饰珠纹，足饰弦纹。盖内顶部和器内底均铸有铭文"丙"字。

小知识：灵石旌介商墓

旌介商墓位于山西晋中盆地南缘。20世纪后期发掘了3座商代后期方国贵族墓，出土有青铜器、石器、玉器、骨器等。其中，青铜器有百余件，既具典型殷商风格，又有北方青铜文化面貌。铜器铭文表明墓主人当为"丙"族高级贵族，与商王朝关系密切。

斟酒一杯祭祖先

器内底铭文

兽面纹斝

商代
高42cm　口径21.5cm
山西运城闻喜酒务头商墓出土

  这件铜斝（jiǎ）为敞口，口沿处立两个带伞形帽的柱头，束颈，一侧有一兽首形鋬（pàn），腹部微鼓，底部稍弧，三个棱形足略向外撇。柱头和颈部饰蝉纹，腹部以一周凸弦纹为界分为上、下两部分，上、下均以扉棱为中心饰兽面纹。足部以雷纹衬底，饰以凤鸟纹。器内底铸有"箙"（fú）字族徽。

  斝是古代一种盛酒器，其功能与爵相似，但地位要低于爵，根据《礼记·礼器》记载："宗庙之祭，贵者献以爵，贱者献以散。"这里的"散"，指的便是"斝"。

  关于斝的具体用途，一类观点认为其是温酒器，另一类观点则认为斝是辅助祼（guàn）礼的器具。祼礼是商周时期的重要仪节，即将酒浇于地上，以此来祭祀祖先。

兽面纹觚

商代
高21.6cm 口径13cm 腹径5.3cm 足径8.4cm
山西运城闻喜酒务头商墓出土

此觚（gū）共出土两件，器物尺寸、造型、纹饰基本相同。大喇叭口，腹部微鼓，喇叭状圈足。颈下饰两周凸弦纹，腹部和圈足均饰两组兽面纹，雷纹衬底，两件圈足内壁均铸阳文"匿"字。

在古代文献中，觚的字义是方器，可用来盛装醴酒，夸张的喇叭形口，使酒的香气更容易挥发。在商代晚期墓葬中，觚和爵经常配套出现，是青铜礼器组合中最核心的器物类型之一，觚、爵套数的多少，与墓主的身份、地位有着密切联系。

> **小知识：闻喜酒务头商墓**
>
> 　　闻喜酒务头商墓位于运城盆地东北角，是一处商代后期高级贵族墓葬群。该墓曾在2018年入选"全国十大考古新发现"，为了解商代政治格局、商王朝与周边地区其他势力的关系提供了珍贵的新资料，堪称商代考古的一次重大突破。
>
> 　　2015年，此墓因被盗而发现，当地相关部门立刻对墓地进行了勘探和抢救性发掘。目前，已发现12座墓葬，出土有青铜器、陶器、玉器、骨器等，青铜器风格与殷墟相近。据出土青铜器铭文表明，墓主人当为"匿"族高级贵族。
>
> 　　晚商时期带墓道的墓葬在殷墟之外并不多见，此墓对于研究商代墓葬的形制结构、葬俗、墓道功能与等级关系提供了极好的资料，不仅为"匿"族青铜器找到了归属，也填补了晋南地区晚商遗存的空白。

青光绿蚁十里香

> **小知识：商代方国**
>
> 商代，在"王畿"范围之外存在众多方国，甲骨文中多有记述。这些方国，有些臣服，有些时服时叛。山西黄河东岸吕梁山沿线发现的保德县林遮峪遗址、柳林县高红遗址、石楼县桃花者（庄）商墓等诸多商代后期遗存，是重要的方国文化遗珍。

青铜鸮卣不寻常

鸮卣

商代
口长径12cm　短径8.6cm
宽13.4cm　高19.7cm
山西吕梁石楼二郎坡村出土

卣（yǒu）是一种酒器。其流行于商周时期，主要用于祭祀场合盛放鬯（chàng）酒。

这件鸮卣呈椭圆形，形如两鸮昂首相背而立，从各个角度看都极为对称。其盖为双鸮首，环形凸起的双目，尖尖的嘴巴，头顶中央还有个方柱钮，像个"小犄角"，周边饰雷纹。腹作双鸮身，子口微敛，垂鼓腹饰卷曲羽翼纹。身下为四足，蹄形足，饰爪纹，似稳健地抓着地面，带着君临天下的不凡气度。盖腹紧密相合，构思精妙。

整件器物雄浑大气、凛然威武中透着几分俏皮可爱，融线雕、平雕、凸雕等多种工艺于一身。不仅是实用酒器，更是一件商代后期精美绝伦的艺术珍品。鸮，又称鸱（chī）鸮，是我国古代对猫头鹰一类鸟的统称，属夜行猛禽。以"鸮"为造像的青铜器主要流行于商代后期，在殷墟等地也有发现。

青铜酒瓿壮行色

方格雷纹出戟瓿

商代

高23cm 口径19cm

山西忻州保德林遮峪遗址出土

　　林遮峪遗址发现于1971年，位于忻州市保德县林遮峪村，出土了大量青铜器和人骨一具。青铜器主要有食器、酒器、兵器、铜贝、车马器等，出土时除两件铜斧置于骨架右侧外，其余铜器均零乱放置在足骨下端。另外，还发现玉琮一件和金弓形饰两件。这件瓿（bù）便是其中一件青铜酒器。

　　瓿是一种大型容酒器，流行于商代，沿用至战国。

　　此瓿敛口，圆肩，鼓腹，圈足微外撇，圈足上部有三个长方形镂孔。肩部饰一周雷纹衬底的夔（kuí）纹，腹部饰乳钉纹、方格雷纹，并出戟三道，圈足饰一周雷纹。

铜铸龙身别样辉

龙形觥纹饰

龙形觥

商代

长43.8cm 宽12cm 高18.4cm

山西吕梁石楼桃花者（庄）村出土

觥（gōng）字的左偏旁为"角"，是古代用兽角做的酒器。这件造型奇特的龙形觥，整体好似一艘停泊在水里的龙舟，因此被命名为龙形觥。此觥通体呈角状，前端龙首昂翘，瞠目张角，龇牙咧嘴，嘴部为流。另一端没有封口，用来散气。盖面饰透迤的龙纹，与前端龙首衔接，衬涡旋纹。腹两侧各置一对贯耳，用于悬挂加热，以涡纹和云纹为衬托，饰鼍（tuó）纹（鳄鱼纹）和夔（kuí）龙纹。青铜器上出现鼍纹是极其少见的，夔龙纹则是商周时代铜器上常见的一种动物纹饰，主要以动物侧身画面呈现，张口聚首，长身卷尾，头顶一角，身下一足，与其同时代甲骨文、金文的象形龙字相似。

这件龙形觥整体造型奇特，纹饰粗犷，线条流畅、明快，与同时期典型的中原文化风格相比，有很高的辨识度。

夏商踪迹 065

> **小知识：商人好酒**
>
> 古文献中关于"商人好酒"的记载很多，如《史记·殷本纪》中就称商纣王"以酒为池，《尚书·酒诰》中也记述了商代统治者是如何悬肉为林，使男女裸相逐其间，为长夜之饮"。《尚书·酒诰》中也记述了商代统治者是如何因酒丧国的，其文曰："惟慌腼于酒，庶群自酒，腥闻在上，故天丧于殷"。可见好酒之风为整个商代贵族统治集团所崇尚。我国发现的商代贵族墓葬中，出土青铜酒器的占比很大，也从侧面印证了"商人好酒"的现象。商代青铜酒器种类繁多，主要有爵、角、觚（gū）、觯（zhì）、尊、罍（léi）、壶、卣（yǒu）、瓿（bù）、方彝、觥（gōng）、盉、斗（勺）等。

慌腼于酒丧于殷

兽面纹龙首提梁卣

商代
口长径13.8cm　高34.8cm　短径7.6cm
山西吕梁石楼桃花者（庄）村出土

　　此器平面呈椭圆形，直口，束颈，垂腹，圈足稍外撇。扁条形提梁两端作龙首形，饰方格纹。腹部花纹由雷纹、目纹、夔（kuí）纹、蝉纹等组成了倒置的兽面纹，圈足饰有一周云雷纹。有学者又称其为兽面纹龙首提梁壶。

敬天祭地好兄弟

夔纹斝

兽面纹爵

夔纹斝、兽面纹爵

商代

夔纹斝，高37cm　口径22.8cm

兽面纹爵，长17cm　高20.1cm

山西吕梁石楼后兰家沟村出土

　　斝（jiǎ）作为礼器，常与觚、爵等组合使用，流行于商代后期到西周中期。这件斝为菌形柱帽，喇叭口，束腰，圜（huán）底，三锥状实足，旁有一鋬（pàn）耳。腹部饰夔纹两道。

　　此爵，长流，尖尾，菌状双柱，卵形腹，刀状足，腹部一侧有鋬。腹部饰兽面纹。

夏商踪迹

三銎刀

商代
长26.9cm 宽6cm
山西吕梁石楼义牒村出土

三銎铜刀融晋蒙

　　这件三銎（qióng）刀，属于山西出土的鄂尔多斯式青铜器。晋、蒙同饮黄河水，在文化上联系密切，因而能在山西出土鄂尔多斯式青铜器不足为奇。

　　该器物背面有三个銎孔，銎为椭圆形，正面有13枚乳钉纹。这种样式的刀在商代后期到西周早期经常发现，它既是贵族身份的标志，又是军事统帅的象征，反映了当时山西地区民族文化交融的盛况。

小知识：兵器与文字

　　进入青铜时代，中国早期兵器的主要种类基本定型，目前发现的青铜兵器可以分为戈、矛、戟、钺、刀、剑、弩机、镞、胄等种类。几乎与此同时，中国文字也趋于成熟，因而许多兵器的形制定格于记录现实的象形文字（甲骨文和金文）之中。还有一些与战争、权力有关的实物名称，也由兵器派生组合而成。汉字虽经发展、演变，但至今仍可依稀辨析出其最早记录的实物的形象。

兵器与文字

斑驳古靴世人谜

靴形器

商代
底长4cm 高6.3cm
山西吕梁柳林高红村出土

　　靴形器发现于柳林高红遗址。该遗址还发现了大型商代后期夯土台基，是我国目前发现的唯一一处具有方国性质的大型建筑基址，出土了大量的陶片、兽骨，以及少量石刀、骨镞等，为我们研究商代的建筑技术和文化提供了珍贵的线索。

　　这件靴形器为直筒形，平底，脚尖向上翘起，做得比较写实，近似草原游牧民族穿着的样子。器物上侧一边开圆形窗，另一边开半月形窗，脚踝处有四道弦纹，脚底有数道直线纹，如同防滑底，靴口下方左右各有一个小孔，应是插入销子的孔。遗憾的是，这类器物仅此一件，无法确定它的功用。

虎饰匕形器

商代
残长18cm　宽4.6cm
山西吕梁石楼桃花者（庄）村出土

　　匕是古代的一种取石器具，现在的羹匙即由它演变而来。古代有种短剑与之相似，因此引申为匕首。

　　这件虎饰匕形器前端上翘作长方槽状，后端平直厚重且逐渐收细，匕面立一虎，大头，长尾，口衔物作前行状，虎目嵌绿松石，极具观赏性。手柄残缺，无法判断其功能，但从风格上来看，属商代晚期方国的青铜器。

虎虎生威匕形器

镂空环首刀

商代
长29cm
山西吕梁石楼后兰家沟村出土

　　此刀近椭圆形，镂空环首，直柄，阑凸出，弧背凹刃，刀身剖面呈三角形。环首上有三个圆形凸起，饰短线纹。柄中部饰蛇纹，两侧饰"人"字线纹。

> **小知识：北方系青铜器**
>
> 　　北方系青铜器广泛分布于我国北方地区，多源而分支复杂。其有别于同时期的中原青铜器，器形主要有兵器、工具、马具及装饰品等，纹饰以小方格纹、三角锯齿纹、几何纹等为主，又以立体动物、多瓣球铃等装饰为特色。在山西境内的石楼、保德、柳林、永和等地多有出土。

乳钉三角纹管銎斧

商代
长16.7cm 刃宽5.7cm 銎长9.9cm
山西忻州保德林遮峪遗址出土

此斧呈长方形扁体，接椭圆形管状器，弧刃。銎（qióng）部上半部分外接一长方形内。器身与管銎相接处饰四个乳钉，器身饰四组三角线纹，内上饰两两相对的三角纹两组，銎上饰三角线纹两组，銎上端饰凹弦纹两道，銎下饰凹弦纹三道。

仗钺持斧奋忠烈

云雷纹梳

商代
长10.9cm 宽5.2cm
山西吕梁石楼义牒村琵琶垣出土

此梳扁平体，上窄下宽，略有残缺。柄中部略收缩，饰两组云雷纹，中间以素面相隔。下面为放射状的13根梳齿，多数残缺。

汉代许慎《说文解字》中记载："栉，梳、篦（bì）之总名也。"自古以来，梳子就是古代人手必备之物。梳、篦两者的主要区别在齿部，梳子的齿粗而稀；篦子的齿细且密。

我国目前发现的最早的栉是在山东大汶口遗址出土的、距今约6000年的象牙梳，留存至今的古代的梳、篦多为名贵物料制作，如金、银、象牙、水晶、锡、嵌玉、镶珠等。

沐雨栉风云雷梳

夏商踪迹 071

挽发插冠意为何

人首笄形器　　　凤首笄形器

人首笄形器、凤首笄形器

商代
人首笄形器，长16.5cm　首宽4cm
凤首笄形器，长17.5cm　首宽4.5cm
山西忻州连寺沟村出土／吕梁石楼桃花者（庄）村出土

　　笄，古代的一种簪子，用来插住挽起的头发，或插住帽子。人首笄作扁长条形，略弧。一端为扁平笄首，作正面人像，两侧镂空边框，人像头发双分高盘，饰波状纹，顶作齿状高冠。

　　凤首笄为凤首，饰长羽冠，凤眼突出，颈部饰有云雷纹。

双球铃

商代
通高12.6cm
山西忻州保德林遮峪遗址出土

    这组双球铃造型相似，上部有两个铜铃，铃正面有辐射型镂孔。下部呈管状，管面有一孔，上端呈人字形分叉并向两侧弯曲，与两铃相连。

    该器物为车马器，是轭首或车架上的装饰，其形制特征体现了北方草原文化与中原青铜文化的交融。商至西周早期，北方游牧民族器物中多见铃饰。这种铃多为球形镂空结构，内置石丸或铜丸，摇动时发声清脆，被认为可沟通祖先神灵，因此常用于宗教祭祀活动。中原地区同期出现的这类带铃器物，功能或与此类北方器物存在关联。

双铃镂孔响清音

金珥饰

商代
宽2.7～3.5cm
山西吕梁石楼桃花者（庄）村出土

    这组金珥饰，均呈珥形，珥首粗圆，至尾端渐细为丝状，细丝上系有长条形绿松石。其制作工艺精湛，既展现出古人对美的追求，也反映了当时的审美观念和工艺水平。

    考古发掘显示，此类金珥形饰常见于商代晋陕高原的贵族墓葬中，其形制与中原商文化核心区的黄金制品有明显差异，具有鲜明的地域特色。

金绿相映耳畔辉

夏商踪迹 073

晋国霸业

晋，天下莫强焉！

3000多年前，武王克商，西周建立，分封诸侯，屏藩王室。成王时，叔虞封唐，其子燮（xiè）父改唐为晋。历代晋侯励精图治，开疆拓土，逐渐强盛。文侯勤王，开启东周；文公会盟，霸业始成；悼公复霸，九合

诸侯。晋国称霸百年,鼎盛时地跨今晋、陕、豫、冀、鲁等地区。春秋晚期,晋室衰微,六卿专权,终致三家分晋。韩、赵、魏三晋继起,变法图强,称雄战国。

辉煌800年的晋与三晋,对中华文明发展进程产生了深远影响。

第一单元
肇基河汾

西周初年,叔虞封唐,居河汾之东。燮(xiè)父承继父业,改唐为晋,肇创晋祚。近300年间,历代晋侯,坚守屏藩王室的责任与担当,坚持"启以夏政,疆以戎索"的治国方略,兼容并蓄,开拓进取。公元前770年,晋文侯携郑武公、秦襄公等诸侯,佐平王东迁,开启东周,代王征伐,巩固王统。从此,晋国逐渐走向历史舞台的中央。

小知识:晋侯墓地

晋侯墓地为西周时期晋国国君墓地,位于山西临汾曲沃北赵村。这里共发现9组19座晋侯及其夫人墓葬,以及附属车马坑、陪葬墓和祭祀坑等,时代为西周早期至春秋早期,完整记录了燮父到文侯的晋侯世系。墓中的随葬品以玉器数量最多,但以青铜器最为重要,还有礼器、车马器、兵器等。部分车马坑已发掘,最大的坑中埋有马上百匹,堪与山东淄博齐国王陵车马坑相比。

晋侯墓地的发现,为西周断代研究和晋文化研究提供了重要证据,入选"20世纪中国百大考古重大发现"。

凤鸟展翅晋风来

器身铭文

晋侯鸟尊纹饰

晋侯鸟尊

西周

长30.5cm　宽17.5cm　通高39cm

山西临汾曲沃北赵村晋侯墓地114号墓出土

　　据考证，这件国宝的拥有者就是改唐为晋的第一代晋侯——燮父。燮父继位后，迁都于晋水之畔，改国号为"晋"，拉开了辉煌晋史的序幕，山西称"晋"由此而来。

　　此尊造型精美，只见大鸟回眸，小鸟偎依，象首隐于凤尾，构思奇特，想象卓绝，是华美艺术和实用功能的完美组合。鸟尊上刻有铭文"晋侯乍向太室宝尊彝"，表明这是晋侯宗庙祭祀的礼器。

　　燮父是唐叔虞之子，即位后将唐国改名为晋国。据考证，在晋侯墓地发现的114号墓应为燮父之墓，113号墓为其夫人之墓。与晋侯鸟尊同一墓地出土的，还有一件叔虞方鼎。叔虞为周成王的同母弟弟，曾被周成王赐封于唐，史称"叔虞封唐"。

　　这些器物虽分属不同的主人，但它们却一同为我们研究晋国历史提供了有力实证。

民族交融双耳罐

绳纹双耳罐

西周
高14.5cm 口径10.7cm
山西临汾曲沃北赵村晋侯墓地113号墓出土

　　这件绳纹双耳罐器形极为特别，在青铜器中首见。类似的陶制双耳罐，多见于甘肃、青海等地的新石器时代齐家文化和马家窑文化。因此，此器物可能与西北地区的羌、戎等民族有关，是晋国早期"疆以戎索"方针的实证。

　　当时，晋国周边戎人活动频繁，对戎关系是晋国国君面临的一个大问题，因此周天子制定了"启以夏政，疆以戎索"的治国方略。叔虞封唐后积极实施这一方针，同时根据具体情况制定了一套政策。一方面，叔虞沿用夏朝的政策治国，另一方面采用戎人的制度来划分土地，并兼用对抗、结盟、联姻等方式，处理与不同部族、不同文化背景的各种势力的关系，促进了华夏民族与少数民族的融合，形成了富有创造性、开放性的晋文化特色。

> **小知识：启以夏政，疆以戎索**
> 　　这是周王室赋予唐叔虞的治国方略。叔虞封国，地处故夏之墟，诸戎杂处。这种既遵循夏人文化法度，又尊重戎狄传统习惯的治国方针，因地制宜，符合国情，成为此后晋国一以贯之的施政理念，也铸就了晋人兼容并包的品格。

晋侯温鼎

西周
长39cm　高22.4cm
山西临汾曲沃北赵村晋侯墓地13号墓出土

　　鼎为温食器，温鼎最早出现在商代晚期。此鼎出土于晋武侯夫人墓。方折唇，腹略鼓，双附耳，三卷尾鸟形扁足，三足连铸有圆形托盘，盘底有三个"十"字形镂孔。托盘用以加炭保温，镂孔用于通风去灰。颈部饰三组相对的回首卷体龙纹，器腹内壁铸有铭文"晋侯乍旅鼎"五个字。

　　晋武侯是晋侯燮（xiè）父之子，第二代晋侯。据考证，晋侯墓地9号墓为晋武侯墓，与其成对的13号墓为其夫人墓。

富贵饱足伴夫人

玉随人去魂不朽

缀玉覆面

西周
直径约27.5cm
山西临汾曲沃北赵村晋侯墓地92号墓出土

覆面，又称瞑目，是葬玉之一，一般分为缀玉覆面和整玉面具。

这件玉覆面由各种形状不同的玉片在布帛类织物上组成，出土时覆盖在晋靖侯夫人的面部。玉覆面共23块，其中9块带扉棱玉器围成脸部轮廓，中间自上而下分别为眉、额、眼、鼻、脸颊、嘴、腮、下颌等，由14块玉器构成完整的人面形。出土时，刻有纹饰的一面朝下，紧贴在墓主脸部，无纹饰的一面均有斜穿孔，用于缝缀。围边玉器呈褐色，鼻、腮玉器呈青色、白色，其余呈黄色。

丧葬之礼在中国起源很早，葬玉是专用于随葬的玉器。古人认为，玉可维持和强健魂魄，以玉殓葬，可以保护尸体不腐，灵魂不朽。葬玉主要有玉衣、玉琀、玉握、九窍塞、玉枕等。

小知识：燮父改晋

唐叔虞之子燮（xiè）父继位后，迁都于晋水之畔，改国号为"晋"，为第一代晋侯。燮父光大了叔虞开创的基业，拉开辉煌晋史的序幕。山西称"晋"由此而来。

晋侯喜父盘

西周
高14.3cm　口径45.6cm　底径34cm
山西临汾曲沃北赵村晋侯墓地92号墓出土

器内底铭文

　　此盘为方唇，窄折沿，浅腹，双附耳，圈足微撇，下有加厚边沿，口沿下饰凤鸟纹一周，圈足饰斜角云纹，均以云雷纹衬底。盘内底铸有铭文4行27个字："隹（唯）五月初吉庚寅，晋侯喜父乍朕文考剌（厉）侯宝盘，子子孙孙其永宝用"，意思是晋靖侯为其父厉侯制作此盘，并希望子孙后代永远珍视和使用。

　　青铜盘是商周时期重要的礼器之一。西周早期，盘多与盉组合使用，至西周中期，盘匜（yí）组合开始出现，并于西周晚期至春秋时期盛行。其主要用于贵族宴会或祭祀中的"沃盥之礼"，即以匜浇水净手，以盘承接弃水。该盘铸造精良，纹饰细腻，不仅是西周青铜器的代表之一，更是研究西周时期晋国历史、文化及礼仪制度的重要实物资料。

青铜宝盘继晋章

华壶盛酒祭先人

壶盖内铭文

晋侯斯壶纹饰

晋侯斯壶

西周
口长24.4cm 底长31.5cm 腹最宽35.2cm 高68.8cm
山西临汾曲沃北赵村晋侯墓地8号墓出土

  此壶为盛酒器,共出土2件,形制、大小、纹饰、铭文均相同。
  此壶器型整体呈椭方形,带盖,盖面饰体躯交缠的吐舌龙纹,盖顶则设有"山"字形捉手。器物通体遍布纹饰,繁而不杂,华美流畅。
  壶的盖内铸有铭文4行26字:"隹(唯)九月初吉庚午,晋侯斤乍尊华壶,用享于文祖皇考,万亿永宝用。"
  根据学者研究,"文""皇"常用在亲属称谓、君王官长、神灵等前面作为修饰词,两者意义相近,且都可与"考"搭配。"祖"为祖宗,"考"为亡父。因此,此壶是晋侯用来祭祀先祖和死去的父亲的。
  晋献侯,名苏亦名斯(pǐ),为晋釐(xī)侯(即晋僖侯)之子,晋国第七代晋侯,公元前822年至公元前812年在位。他是晋侯墓地中唯一能与《史记·晋世家》记载姓名相吻合的晋侯。

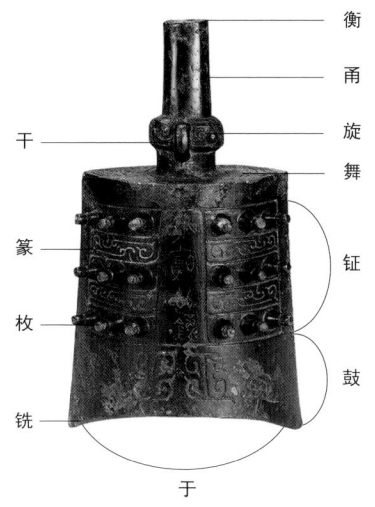

王赐苏钟赏征伐

晋侯苏钟

西周
左，高22.4cm　铣间距12.8cm
右，高25.7cm　铣间距14.8cm
山西临汾曲沃北赵村晋侯墓地8号墓出土

  此组编钟出土于晋献侯墓。据8号墓发现青铜器铭文，墓主人为晋侯"苏"，即晋献侯，因此，此组编钟被称为"晋侯苏钟"。

  晋侯苏钟是一组编钟中的最末两件，舞部与篆部饰变形兽体纹，鼓部饰卷云纹，鼓侧饰鸾鸟纹，钲部分别刻有铭文："年无疆，子子孙孙"7个字和"永宝兹钟"4个字。

  晋侯苏钟全套共16件，可分为两组，每组8件，虽然并非同时铸造，但音律和谐。其中14件曾因被盗流落境外，现被上海博物馆收藏，而藏于山西博物院这两件则为考古发掘出土。

  编钟上刻有长篇铭文共355字，全部为凿刻而成，为西周青铜器首见。铭文完整记录了西周厉王三十三年（前846年），晋侯苏率军参与由周厉王亲自指挥的征伐东夷的战争，因战功卓著，多次受厉王赏赐。这场战争在史料上缺少记载，这些铭文恰恰弥补了这一空白，对研究西周和晋国历史极为重要。

金带饰

西周
垂叶形饰，高6.9cm　宽4.1cm
弧面扁环，直径5.4cm
山西临汾曲沃北赵村晋侯墓地8号墓出土

晋侯大带金灿灿

　　这组金带饰一共15件，均为铸造而成，总重量为459.3克，出土时位于晋献侯腰间。

　　西周时期，中国金器的制作尚处于萌芽阶段，黄金制品多为小件和其他器物的配饰，纹饰也比较简约。然而，这时的工匠已经掌握了范铸、锤揲（yè）、錾（zàn）刻、剪切等多种复杂的金器制作工艺。中国古代金器主要出土于西北、中原和西南地区，因各地间的文化差异呈现出不同风格。

　　山西一带是金器出土较为丰富的地区之一，出土的西周金器多为成组腰带饰和其他器物的装饰金器。这组金带饰便是这一特点的有力实证，让我们得以深入了解晋国在西周时期的金器制作技术和艺术特点。

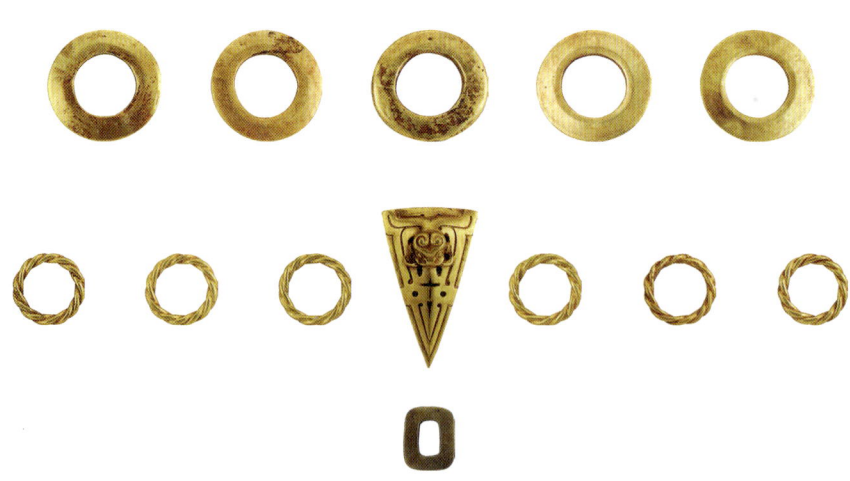

与君共饮话长天

鸟盖人足盉线描图

鸟盖人足盉

西周
高34.6cm　盉身直径20.6～21.8cm
山西临汾曲沃北赵村晋侯墓地31号墓出土

　　盉，在古代用以温酒或调和酒水的浓淡，也常与匜（yí）组合使用，用于沃盥之礼。

　　此器出土于晋献侯夫人墓。器体扁圆，以鸟为盖，以熊为链，龙头为流，兽为鋬（pàn）手，两个半蹲的裸人为足。此盉造型别致，构思奇特，极富艺术想象力。

玉牌联珠串饰

西周
通长67cm　牌高8.7cm　上宽5.6cm　下宽7.7cm
山西临汾曲沃北赵村晋侯墓地31号墓出土

　　这组串饰为丧葬玉，出土于晋献侯夫人墓，放在其胸部右侧。由玉牌、玉珠、玛瑙珠、料珠组成。玉牌呈梯形，正面用双线勾勒出对称的龙纹，线条婉转、流畅。上下穿孔均为侧、背斜钻。

串连饰胸前

楚公逆编钟

西周
高22～54.5cm　铣间距12～31cm
山西临汾曲沃北赵村晋侯墓地64号墓出土

楚公逆编钟一组共8件，其中，形制和铸铭相同的有6件，形制不同且无铸铭的有2件，八件音律相谐。钟铭68字，此铭文记述了楚公逆为祭祀祖先，得到纳贡的赤铜九万钧后，制作了大量编钟的事迹。

《史记·楚世家》记载，西周末期楚国的第十三任君王熊咢，在位时间与晋穆侯相当，其铭文见于考古出土的文物楚公逆钟和楚公逆短剑。

楚公逆钟原为楚国的青铜器，却出土于晋穆侯墓，学者推测这组编钟很可能是楚国与晋国交流互赠的礼器，因此，这套编钟也是晋楚文化交流的见证。

楚钟现晋交流证

楚公逆编钟

姞姓柏国铭首见

叔钊父方甗

西周
通高47.9cm　口长32cm　口宽25cm
山西临汾曲沃北赵村晋侯墓地64号墓出土

　　此方甗（yǎn）为饪食器，出土于晋穆侯墓。分为甑（zèng）和鬲（lì）两件，以子母口套接。甑大口，翻唇，双立耳，斜直壁，底部铸有"十"字形镂孔用以通气。鬲为折沿，短直颈，双附耳有短梁与口沿相接，袋腹鼓出，浅分裆，四兽蹄足。甑颈部饰变形兽体纹，腹部饰波曲纹。鬲每个袋腹两侧各有一个目纹。甑内壁铸有铭文3行15个字"叔钊父乍柏姞宝甗，子子孙孙永宝用"。

　　柏国为姞姓，是西周时期的封国，在今河南省境内，春秋时期犹存。青铜器铭文中记录柏的国名，此为首见。

杨国铜壶拨迷雾

壶颈内壁铭文

杨姞壶

西周

高35.8cm　口径12.4cm　腹径20.2cm　底径17.7cm

山西临汾曲沃北赵村晋侯墓地63号墓出土

　　杨姞壶出土于晋穆侯次夫人墓，一共两件，器形、大小、纹饰和铭文相同。壶带盖，盖为圈形捉手，子母口套合设计，可保证器物的密封性。壶口微微向外敞开，长颈斜收，把手为兽首套环，鼓腹略下垂，高圈足下有加厚边沿。盖沿和圈足饰兽目交连纹，颈部饰波曲纹和兽目交连纹，腹部有三周纹饰，依次为鳞纹、兽目交连纹、鳞纹，并以横条沟纹相间隔。壶颈内壁与盖口外壁铸相同7字铭文"杨姞乍羞醴壶，永宝用"。即，这件壶为杨姞自作用壶。

　　关于杨姞，学术界还存在争论，多数学者认为杨姞为晋穆侯夫人，这件壶是姞姓杨国女子嫁到晋国的陪嫁器物；也有学者认为是姞姓国的女子嫁到杨国，称为杨姞，壶为晋国灭杨国时的战利品。古杨国位于今山西省洪洞县。杨国铜器存世极少，也许在未来有了更多的考古发现之后，考古学家能将杨姞之谜解开。

美玉组佩永相随

玉组佩

西周
通长165.5cm　宽32cm
最大璜长15.8cm
山西临汾曲沃北赵村晋侯墓地63号墓出土

　　这套玉组佩为丧葬玉，出土于晋穆侯夫人墓，由玉璜、玉珩、冲牙、玉管、料珠、玛瑙管等204件玉饰组成，以45件玉璜为主体，是迄今见到的组佩中玉璜最多者。

　　玉饰上的纹饰精雕细琢，姿态各异，有双龙纹、双首鸟纹、人龙合体纹等。玉组佩下端两件玉雁更是晶莹剔透、栩栩如生。整套玉组佩展开长度有近两米，将墓主人从头覆盖到脚，十分壮观。在那个"环佩叮当，行走有度"的时代，这样一套豪华项链彰显了晋穆侯夫人的重要地位。

　　晋穆侯墓在晋侯墓地中是一个极为特殊的存在，它打破了晋侯墓地的形制。其他晋侯墓均为一夫一妻葬，但晋穆侯墓却是墓地里唯一一组两位夫人入葬的特殊情况。并且，63号夫人墓随葬品多达4280余件，仅玉器一项便有800多件。

　　西周玉组佩没有明确的定制，只是依个人的爱好，讲究玉的色泽和形式的对称。这组玉组佩不但制作对称、精工，而且色彩淡雅和谐，代表了西周时期最高的治玉水平。

图注：玉璜　玉珠　玉管　玉珩　冲牙　玉佩组

铭文拓片

晋曾情谊鼎为证

南宫姬鼎

西周
高16.4cm 口径14.4cm
山西临汾曲沃曲村出土

　　山西曲村墓地6081号墓出土了两件南宫姬鼎，形制极其相似，应是同一批次生产的器物。

　　该鼎为束颈，腹部圆扁，底部近平，三根柱足细长。在鼎的内底铸有铭文"南宫姬乍宝尊鼎"七字，意思是，这尊宝鼎为姬姓南宫氏所作。

　　这种形制的鼎在中原地区并不常见，属于位于长江流域的曾国风格。曾国与晋国同为周王室的姬姓诸侯国。2012年以来，随着对西周初期到战国中期的曾侯墓葬群考古研究的深入，发现曾国（即史书中的姬姓随国）便是南宫适的封国。

　　南宫适，又称南宫子，西周著名贤者、重臣，是最早见于文献〔《周书·君奭（shì）》〕的南宫氏名人，是南宫氏的始祖。其历经文王、武王、成王三世，与周王室是宗亲，为周朝的开国元勋，参与了殷周之际许多重要历史事件，其中就包括经营了曾国。

　　曾国同楚国一样，都是先秦时期位于长江流域的诸侯国，这件来自南方的铜鼎出现在千里之外的晋国，见证了晋曾两国的往来。

第二单元
争霸春秋

春秋时期，周室衰微，封国政治、经济、文化不断发展，"礼乐征伐自天子出"的时代渐告结束，诸侯纷起争霸成为这一时代的主题。

晋国自文侯起，逐渐成为春秋争霸的历史主角。曲沃代翼，为晋国的发展注入新的活力；武公、献公开疆拓土，灭国十七，服国三十八；文公践土会盟，开启霸业；景公迁都新田，国力益增；悼公九合诸侯，声威远播。天下征伐号令，自晋出焉。

小知识

文侯勤王

晋文侯（前805—前746年），姬姓，名仇，穆侯之子，公元前780年至前746年在位，西周末年至春秋初年晋国第十一任国君，是晋国历史上杰出的君主。

公元前785年，穆侯卒，其弟殇叔自立，姬仇被迫出走。四年后姬仇攻灭殇叔即位，是为晋文侯。

公元前770年，西周亡于犬戎，幽王被杀于骊山。危急关头，晋文侯与郑武公、秦襄公共同拥立太子宜臼为周平王，并迁都洛邑（今河南洛阳），开创了东周王朝，稳定了东周初年的局势，并取得代王征伐的大权，晋国从此走上了争锋天下的大国之路。

邦国遗珍

西周时期，晋国周边邦国林立，春秋时期多为晋国所灭。见于史籍的有杨、霍、贾、郇（xún）、虞等国，考古发现而史籍阙载的有倗、霸等国。山西发现的邦国遗珍，或是兼地灭国的战利品，或是外交盟会的纪念物，是研究两周时期政治、军事、外交的重要物证。

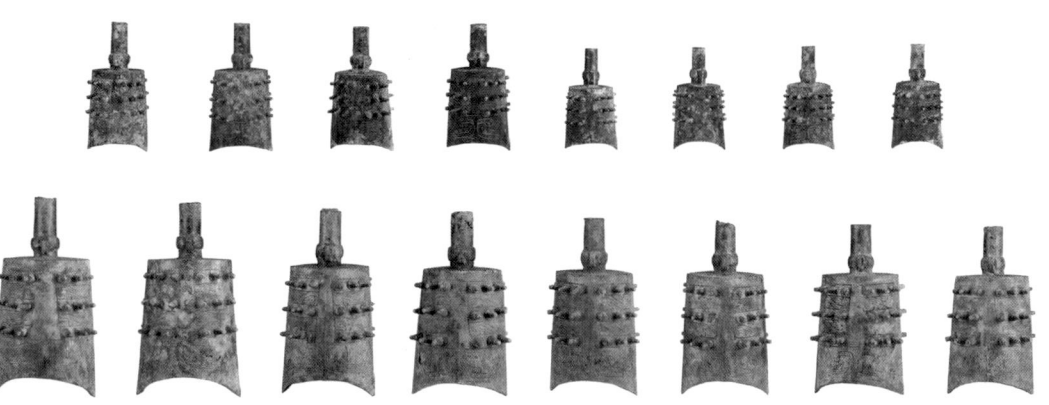

夔龙纹编钟

春秋
高21~49cm　铣间距10.5~25cm
山西临汾曲沃北赵村晋侯墓地93号墓出土

　　这组夔（kuí）龙纹编钟一共16件，均为甬钟。较大的8件为低音组，较小的8件为高音组，可以敲击发出动人的旋律。甬为圆柱形，内部中空与腔体相通，甬下部有旋和干，共鸣箱为扁突体，似上下合瓦构成。钲部两面各有18个突出的乳钉，鼓部较宽，于部微凹，弧度较浅，两铣尖锐。衡部不封口，可见红色范土，篆部饰S形变形兽体纹，鼓部饰回首相对的夔龙纹。

　　周武王灭商后，西周统治者为巩固自己的统治，建立稳定的政治制度，奉行四大制度，礼乐制便是其中之一。礼乐制是周代文化的集中体现，它既是典章制度的总汇，又是人们各种行为的准则。"礼"是"乐"的内容，"乐"是"礼"的表现，二者相辅相成。见不同的人要演奏不同的音乐，不同等级的人使用的乐队规格也有严格要求。编钟兴起于西周，盛于春秋战国直至秦汉，是古代上层社会专属的乐器，是等级和权力的象征。

　　这组编钟出土于晋文侯墓。作为一代国君的随葬物品，这组编钟堪称气派，对我们了解西周礼乐制度具有重要意义。

君臣常闻礼乐声

人足方盒

春秋
长12.2cm　宽10.2cm　高8cm
山西运城闻喜上郭墓地出土

　　这件方盒整体呈长方形，整体造型奇特，做工精巧。四足为人形，仿佛轿夫一般将盒子撑起，兼具实用和艺术美感。盒顶有两扇翻盖，每扇盖子上都设有一个虎形钮，方便将盒盖打开。方盒的四面中央各攀爬着一条回首龙纹，龙纹雕刻细腻，充满了生命力与动感。盖面和四壁则饰有变形龙纹，为夔（kuí）龙纹。

　　这类方盒常出土于女性墓中，极有可能是用来盛放化妆用品的奁（lián）盒。奁最初为放置镜子的竹制品，后来放置的物品越来越丰富，包括梳妆用具、饰品和其他日常用品等。奁盒是古代女性生活习惯的体现，其多样的纹饰与构造，也丰富了我们对古人审美情趣的认知。

慵整花钿画新眉

酒酣胸胆尚开张

窃曲纹卮

春秋
高12.7cm 口径8.2cm 底径5.8cm
山西运城闻喜上郭墓地出土

卮（zhī）为饮酒器。此卮为喇叭形敞口，斜颈，中腰收束，平底，口径大于底径，形体似觚（gū）形，造型奇特而别致。口沿下饰交龙纹一周，腹部饰一周凸弦纹用于束腰，下腹部饰鳞纹一周。卮为古代饮酒之杯，出土数量较少。

小知识

曲沃代翼

公元前745年，晋昭侯即位翼都，封其叔成师到曲沃（今山西省闻喜县），称"曲沃桓叔"。按周代宗法制度晋君是大宗，曲沃桓叔为小宗。曲沃历桓叔、庄伯、武公祖孙三代，与晋公室展开了近70年的斗争。公元前678年，曲沃武公攻灭晋公室，周釐（僖）王命曲沃武公为晋国国君，即晋武公，小宗代大宗。这场公室权力的转移，迎来了晋国的强势崛起。

闻喜上郭—邱家庄遗址

该遗址位于山西运城闻喜城南涑水岸边。20世纪70年代以来多次发掘，发现了周代夯土城墙，确认了40万平方米的上郭城遗址和铸铜手工业遗址。清理东周时期墓葬近百座，出土了荀侯匜（yí）、贾子匜、刖（yuè）人守囿（yòu）车等大量珍贵文物。学界认为，该遗址具有都邑性质，与文献记载桓叔所封之曲沃相对应。

横鳞纹附耳三足盘

春秋
高12.8cm　盘径32.5 cm
山西临汾曲沃羊舌墓地出土

　　此盘开口较大，边缘平整且口沿部分向外翻折。器身较浅，腹部线条柔和流畅，配有对称的附耳，便于提拿。底部的圈足向外延伸出三只支撑足，不仅增强了稳定性，还让器物更具立体感和装饰效果。盘子腹部外侧雕刻有细致的横鳞纹，纹路整齐有序，富有几何美感。整件器物兼具实用性和观赏性，是一件工艺精湛的春秋器皿。

匜倾泠泠涤素手

> **小知识：羊舌墓地**
> 　　羊舌墓地位于曲沃县羊舌村，与晋侯墓地隔河相望，总面积约12万平方米，分南北两区，北部为大型墓区，南部为中小型墓区，并附有车马坑和大量祭祀坑。有学者认为该墓地是北赵晋侯墓地的延续，墓主可能是春秋早期的几代晋侯。

器变礼存风不同

伯㝬父鼎

春秋
高24cm　口径23cm
山西临汾曲沃羊舌墓地出土

　　此鼎平折沿，方唇，球腹，三个兽蹄形足，立耳。颈部饰重环纹，内壁铸铭文3行20个字"白（伯）㝬（lì）父乍季妃鼎，其万年无疆，子子孙孙永宝用享"。

　　鼎与簋（guǐ）作为礼器组合在商代已经出现，至西周形成任何人不得逾越的严格界限，以"别上下，明贵贱"。举行祭祀、宴飨和丧葬等活动时，奇数鼎与偶数簋组合并配置其他器物成套使用。按史籍记载的西周礼制，天子九鼎八簋，诸侯七鼎六簋，大夫五鼎四簋，士三鼎二簋。考古发掘已证明确实存在这种"列鼎制度"，但对其适用的范围和不同场合的变化还有待更深入的研究。

　　按照周礼，晋文侯作为诸侯理应用七鼎六簋，但从他的墓葬中出土的却是五鼎六簋。晋文侯去世时是春秋初期，根据考古发现，鼎簋制度在当时也许有了变化。

晋国霸业

献公拓疆铜铃响

方座铃簋

西周
高34.5cm　耳间距33cm
山西运城绛县横水墓地出土

　　簋（guǐ）是中国古代用于盛放煮熟饭食的器皿，同时也作礼器。西周时期，在今晋西南地区的多个诸侯国，带铃青铜礼器较为流行。

　　此簋圆口配盖，盖顶有圆形捉手，侈口，束颈，颈部两端为双兽头垂耳，鼓腹，圈足下接方形座，座内悬挂带舌铃铛。盖面四组凤鸟纹由四条扉棱隔开，颈部装饰有两组相对的长体凤鸟纹，由兽头分隔。腹部被扉棱和双耳分割成四组凤鸟纹，方座的四面同样饰有凤鸟纹。

　　根据所出土青铜器上的铭文考证，横水墓地是一处倗国墓地。倗国是史料上失载的西周封国，与晋国、霸国关系密切，约在春秋时期被晋国所灭。这座墓葬的发现填补了历史的空白，丰富了人们对"献公拓疆"的认知。

小知识：武献拓疆

　　公元前678年，晋武公灭晋公室，晋国复归一统。次年武公去世，子诡诸即位，是为晋献公。晋献公即位时，晋国刚结束67年战乱，百废待兴。他对内进行改革，消除公族威胁，任用异姓大臣，巩固君权；对外扩军强国，开疆拓土。20年间，"并国十七，服国三十八"。晋国疆土迅速扩张，成为春秋一流强国。

长眠梦乡帘幕垂

荒帷

西周
残长133cm　残高78cm
山西运城绛县横水墓地出土

　　荒帷，又名帷荒、墙柳，是西周时期贵族的丧葬仪具。古人模仿生前居室帷幄，于棺椁（guǒ）外覆盖纺织品遮蔽，盖在上方的为荒，垂于四周的为帷，因此也被称为棺罩。

　　因埋在地下，又覆盖在棺材表面，荒帷极难保存，绝大部分荒帷在现代考古活动中都很难被完整发掘。这件荒帷是迄今为止时代最早、保存最好、面积最大的荒帷遗迹。整体为红色丝织品，约有10平方米，绣有大小不一的凤鸟图案。如此大型的荒帷能完整出土，为研究两周丧葬制度提供了重要实物。

　　荒帷在《周礼》《仪礼》《礼记》等文献中都多有记载。它的使用有着严格的等级差别，直到现在，有些地方仍在使用荒帷。

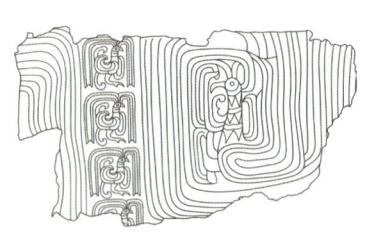
荒帷纹饰

荒帷使用复原图

刻辞摹本

卜骨

西周
高39cm 最长22cm 宽1cm
山西临汾洪洞坊堆村出土

卜骨刻符向天问

这件卜骨是西周早期的带字甲骨，是山西目前考古发现的唯一一件刻辞卜骨。刻辞卜骨目前最早见于商周时期，多利用牛、羊、猪等动物的肩胛骨加工而成。通常先将肩胛冈削去，并在背部开槽，然后在槽内进行钻灼。少量在槽外的骨面进行烧灼，个别在卜骨正面烧灼，然后根据裂纹的形状和长短寻找答案、作决定。

该卜骨的材质为牛肩胛骨，两面均有打磨。正面钻窝处有许多小兆，即预测吉凶的裂纹。右边刻辞1行8个字"疠，肉疠，三止（趾）又（有）疾贞"，大意为，患上疾病故此问卦，背面则有20个排列不规则的钻窝。

该卜骨所在遗址可能为西周杨国遗存。杨国是周王朝的诸侯国，历史记载较少，春秋时被晋国所灭。

戎狄小国献公灭

兽面纹蹄足铜鼎

西周

高27cm　耳间距21cm

山西运城绛县雎村墓地出土

此鼎大口，平沿，两只立耳高高竖起，深腹。颈部饰有兽面纹，并以扉棱为中线分割。下设三根柱足作为支撑，足上部各有突出的扉棱，使得视觉效果更为丰富。

此鼎出土于雎村墓地，该墓地位于山西绛县卫庄镇雎村北部，占地面积约7万平方米，发现墓葬1500余座，其中近1000座已被正式发掘，出土有铜器、陶器、漆器、海贝等器物1万多件，墓地时代从西周早期延续至西周晚期。

据考证，雎村墓地可能就是史书上记载的西周时期的戎狄小国——翟柤（dí zū）国的墓地。《国语·晋语》中有关于"献公伐翟柤"的记载。翟柤国当时朝政混乱，国君昏聩，君臣上下只顾自己私欲。晋献公在听了臣子对翟柤国的分析后，同意出兵攻打翟柤国，一举将翟柤国剿灭。

雎村墓地的发现与发掘，对于研究西周时期各个势力之间的关系起到了一定的推动作用。

> **小知识：晋楚争霸**
>
> 春秋时期，大国争霸的主角是晋国和楚国。百年间，两国先后进行了13次直接战争，晋国胜11次。其中，以城濮之战、邲之战和鄢陵之战三次会战最为重要，直接决定了霸权的归属。

兑盆

西周

高13.6cm 口径21.5cm

山西临汾翼城大河口墓地出土

此盆束口，口沿边外卷，唇部斜方，器腹中部有明显的弯折，折棱下骤然收束——这种款式称"折腹"，是器物腹部的式样之一，又称"折腰"。其底部平坦，但中间微微向内凹。盆的上腹饰有一周兽目窃曲纹，极为神秘威严，两侧附有桥形宽耳与圆环相衔，便于提握。

此盆从铭文中看，记载了器主兑曾随应伯受周王之命征伐淮南夷之事。腹部内壁刻有铭文，共8行46个字："唯王二祀，王命应伯征淮南夷，兑从，率厥友搏于为山。休又（有）禽（擒），无咒，用对，作餴簋（guǐ）。兑拜稽首，用祈永霝（灵）冬（终）于厥文祖敨（yǔ）季"。

此盘铭文证实，大河口墓地为霸国墓地。霸国是史料上失载的西周封国，为隗（kuí）姓狄人所建，与周王室、晋国、燕国等国均有密切关系，约在春秋早期被晋国所灭。这座霸国墓地的发现填补了关于霸国的历史资料的空白，为西周分封制度、器用制度和族群融合等研究提供了宝贵资料。

霸国器主随王征

腹内壁铭文

姜姓申国多谜团

申五矩甗

春秋
高43.6cm
山西运城闻喜上郭墓地出土

申五矩甗使用示意图

甗（yǎn）是古代的一种食器，类似于现代的蒸锅。它分为上下两段，上段用于盛放食物，称为甑（zèng），下段为鬲（lì），用于煮水，中间有一穿孔的箅（bì），可供蒸汽穿过。

此甗的甑部为上宽下窄的长方体，口部外敞，配有双立耳，腹部较深，腹壁斜收，底部平坦并有箅孔，下部有插入鬲口的榫圈。鬲为直口短颈，肩部有一对方圈耳与口沿相接，腹部呈袋形，裆部平坦，四足为兽蹄形。甑的口沿下装饰有双龙首的兽目交连纹，腹壁则饰有夔（kuí）龙纹。甑的内壁铭刻有铭文4行22个字："申五氏孙矩乍其旅甗，其眉寿无疆，子子孙孙永宝用之。"由此推测此申五矩甗属于申国器物。

申国是周代的一个诸侯国，源于姜姓。关于申国还存在太多谜团，目前学界尚无定论。但这件申五矩甗的出土，依然为我们拨开了一丝历史迷雾。

晋国霸业　103

陈信父壶

春秋
口长9.7cm　口宽7.1cm　高28.5cm
山西运城闻喜上郭墓地出土

此壶器型扁平，为略外敞的长方形直口，短颈斜肩，配有环形双耳。自肩部以下斜收成平底，腹下部一侧有一圆形錾（pàn）。肩部装饰有四组回首相对的夔（kuí）龙纹，线条豪放粗犷。颈部外壁铭刻有5行20个字的铭文："陈公子信父乍旅瓶，用祈眉寿，万年无疆，永寿用之。"由这段铭文可知，此器物属于陈国，应是行军时所用的旅瓶。

陈国是两周时期的一个重要的诸侯国，妫（guī）姓，国都宛丘位于今河南省周口市淮阳区，处在晋楚两大国之间。春秋中后期，陈国境土渐被列强蚕食，日渐缩小，最终于公元前478年被楚国灭亡。

壶主陈公子信父不见史书记载，历史上陈国铜器亦发现很少，因此这件陈信父壶十分珍贵。

陈国遗宝世罕见

颈外壁铭文

虞侯政壶

春秋
口长17cm　口宽12.7cm　高40.8cm
山西长治潞城区潞河村出土

此壶口部略微外敞，颈部较短，饰有长冠凤鸟纹相互对望，两边各有一兽首套环。壶的腹部呈鼓状下垂，并以宽带交叉形成"十"字形分区，交叉点突出呈方锥体，底部圈足外撇饰有波曲纹，且边沿加厚。壶颈内壁铸有铭文4行24个字："佳（唯）王二月初吉壬戌，虞侯政乍宝壶，其万年子子孙孙永宝用。"铭文中的虞侯政是目前为止唯一已知的虞国国君，此壶应是晋灭虞时的战利品，为我们了解虞国提供了非常宝贵的资料。

唇亡齿寒虞侯壶

小知识：虞国

虞国为西周、春秋时期的姬姓诸侯国，听起来有些陌生，但它其实是成语"假道灭虢（guó）"和"唇亡齿寒"的主角之一。

虞国两侧邻国为晋国和虢国。虢国是西周初年所封诸侯国，位置位于今晋南黄河沿岸及河南三门峡一带，是晋国南方的强敌。公元前655年，晋国为攻打虢国，向虞国借道，虞国大臣宫之奇劝说虞君不可应允。他把虞与虢比喻为唇齿相依，晋国灭了虢，肯定也会灭虞。虞君认为虞晋是同宗，不会有事，并贪图重礼，答应借道。晋国灭虢后，果然在回途中灭掉了虞国。于是有了"假道灭虢"和"唇亡齿寒"的成语典故。

附耳蹄足鼎

春秋
高66cm　口径60cm
山西临汾侯马上马墓地出土

蹄足大鼎自上马

该鼎为大口，口沿部分较窄，圜底，鼎腹深，腹部上部装饰着蟠虺（huǐ）纹，下部则饰有内填双头对称蟠螭纹的垂叶纹，颈、肩和腹部均以绹（táo）索纹分割。饰有蟠虺纹的附耳略微向外伸展，下为三只粗壮的兽蹄足，足部上端均饰有兽面纹。该器物气质雄浑，纹饰精美，散发着庄重而神秘的气质。

> **小知识：上马墓地**
>
> 上马墓地位于侯马市上马村，总面积达10万平方米，是晋国某位卿大夫的家族墓地，共发掘西周晚期至战国初期各类墓葬1300多座，出土遗物近6000件，时间跨度大，发展演变序列完整，是东周时期发现铜礼器墓最为集中、出土铜礼器数量最多的地点之一。

精工鬼斧凝神韵

蟠龙纹方壶

春秋

高84cm 口长21.5cm 口宽17.5cm

山西临汾侯马上马墓地出土

　　这件铜方壶颈部偏长,口微侈,颈两侧附对称兽首环耳,鼓腹,圈足高而宽。颈部与腹部四角贴龙形扉棱,盖沿饰S形龙纹,颈上部饰波曲纹,下部饰龙纹,腹部饰蟠龙纹,圈足饰镂空蟠螭纹。上部带盖,捉手为镂空蟠螭纹,四角贴附蟠龙。整个器物结合镂空、浮雕、圆雕等多种技法,纹饰层次繁复,造型瑰丽精巧,集中体现了春秋时期青铜铸造工艺的高超水平。

助君称霸史留名

子犯鬲

春秋
高11cm 口径14.6cm
范季融先生、胡盈莹女士捐赠

鬲（lì）是三足中空的炊煮器。此鬲口沿宽平外折，竖颈短直，肩部圆润，鼓腹，宽裆，下有三只坚实的兽蹄足支撑着器身。器腹饰有三组龙纹，并以扉棱间隔。

此鬲在口沿处铸有铭文"子犯之造鬲"。子犯，即晋文公舅父狐偃，他在晋文公重耳流亡、归国以及称霸过程中，发挥了重要作用，是晋国历史上的著名人物。

此器传为20世纪90年代出土于闻喜县，后流失海外。2021年，美籍华人范季融将其捐献给山西博物院。

小知识：城濮之战

晋文公，名重耳，献公之子，公元前636年至前628年在位。晋文公在外流亡19年，即位后对内选贤举能，设立三军六卿，励精图治；对外联合诸侯，尊王攘夷。

公元前632年春，晋楚争霸，晋、楚各率联军，在城濮（今山东鄄城附近）展开争夺霸权的首次大战。晋文公兑现当年流亡楚国所许"退避三舍"的诺言，令晋军后退，避楚锋芒，继而集中优势兵力，以少胜多，大败楚军。同年五月，晋文公在践土（今河南荥阳）大会诸侯，周襄王到会，赐晋文公车服弓马，册命其为领袖诸侯的"侯伯"，晋被推为盟主。

关于这段历史，现藏于台北故宫博物院的子犯编钟的器身上便有铭文记录。山西博物院收藏的另一件文物晋公盘上也铸有铭文，呈现的是晋文公时期的晋国盛世气象。这些出土文物与文献历史相互印证，对了解、研究晋国真相提供了宝贵信息。

> **小知识：景公迁都**
>
> 晋景公，名獳（nòu），又名据，成公之子，公元前599至前581年在位。景公即位后，抑制强势家族，维护公族势力。整顿社会秩序，推行军事改革，增三军为六军，实施灭狄、联齐、结吴、牵秦的战略，有力维护了晋国霸主地位。公元前585年，景公迁都新田（今侯马）。此后200余年，新田成为晋国的政治、经济、文化中心。

晋公盘

春秋
高12cm　口径40cm　重7000g
公安机关移交

拳拳之心刻铭盘

　　晋公盘曾因被盗流失海外，后经公安机关移交安置在山西博物院。
　　该器为浅腹平底，内底中央饰有一对精美浮雕龙盘绕成圆形。在双龙中央有一只立体水鸟；双龙之外，还有四只立体水鸟和四只浮雕金龟；再向外延，又有三只圆雕跳跃青蛙和三条游鱼；最外圈，则有四只蹲姿青蛙、七只浮雕游泳青蛙和四只圆雕爬行乌龟。这些圆雕动物，都能360°转动，鸟嘴可以启闭、乌龟头可以伸缩，设计巧妙，趣味十足，是春秋时期高超青铜技艺的体现。
　　盘内壁铸有七处铭文，每处3行，共183字。主要内容是：追述晋国始祖唐叔虞和父亲献公的功业；晋公对自己功绩的记录，并表达效法先辈的决心；晋公对出嫁女儿的告诫和嘱托。
　　这些铭文清晰呈现了当时晋国的繁荣之景，与子犯鬲共同诉讲述着文公称霸的故事，向我们传递了春秋中前期极为珍贵的历史信息，在青铜器中实属罕见。

韩钟剑

春秋
残长15.3cm 宽3.9cm
山西运城垣曲谭家村出土

晋楚相接邲之战

这是一把残剑，剑身近锷处采用错金技艺铸有铭文："韩钟之囗剑。"尽管有一个字暂时无法辨认，但也足以确定这把剑的主人为韩钟。

据考证，韩钟即晋国列卿韩穿。公元前597年，晋国派军救郑，与楚国在邲（今河南境内）发生了一场著名会战，史称"邲之战"，又称"两棠之役"，韩穿为这场战役的上军大夫。晋军因将帅不和，内部分歧不断，最终被楚国击溃。

虽然这场战役最终是晋国战败，但晋之上军并未遭受太大损失。公元前588年，晋景公增设新军，任命韩穿为新上军佐。公元前585年，韩穿再次率军抗楚救郑。此后，关于韩穿的故事史料记载不多。也许，这把剑曾陪伴韩穿见证过那场奠定楚国"春秋五霸"地位的邲之战。

上军，古代军队编制的称谓。古军制分上军、中军、下军，以中军为最尊，上军次之，下军又次之。

小知识：陶寺北两周墓地

位于襄汾县陶寺村北，距著名的陶寺遗址约3公里。2014年发现，初步探明墓葬1283座，大型墓葬沿西北—东南方向排列，中小型墓葬散布大墓周围。目前已发掘春秋时期墓葬200多座，出土器物有青铜器、玉器、陶器、石器、蚌器等。陶寺北两周墓地是晋国的一处"邦墓"，时代从两周之际延续到战国时期，为探讨晋国北部疆域问题提供了有益线索。

举手人物范

东周
长9.8cm　宽7.3cm　厚4.5～5cm
山西临汾侯马晋国铸铜遗址出土

　　范，为模型、模具。此为复合范，形象为一人站立，双手上举，十指并拢，似托物状。头戴月牙形冠。着长衣，长及脚面，衣上饰宽条，内填纤细斜角雷纹；系腰带，打双蝴蝶结，穗下垂。

　　据考证，侯马晋国铸铜遗址便是见证了晋国霸业的晋国都城新田，因此又称新田遗址。

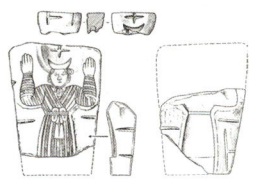

举手人物范纹饰

晋国霸业见新田

太原金胜村出土编钟鼓部

太原金胜村出土铜鼎局部

长治分水岭出土错金舟

饕餮纹龙纹陶模

蟠螭纹陶模

卷叶纹陶范

青铜器纹饰与侯马铸铜遗址出土模范

小知识：侯马铸铜遗址

　　20世纪50年代，在侯马市牛村古城址南部和东南部发现约20万平方米的作坊遗址，以铸铜遗址最为重要。同时还发现与铸铜作坊有关的房址、水井、灰坑、烘范窑等，基本还原了当时冶铜铸造的生产链。出土陶范10万多块，器类涵盖了已知东周时期晋式铜器的大多数，使不少流散的晋式铜器得以确认。侯马陶范是晋式青铜文化的重要组成部分，在中国青铜文化中占有重要地位。

绳索捆绑器宇昂

络绳纹罍

春秋

高30cm　口径16.1cm　腹最大径31.2cm

山西长治分水岭270号墓出土

　　这件铜罍（léi）为宽平口，口沿外折，颈部短直，肩部设有对称兽耳，小兽后腿内衔圆环。铜罍腹部深而宽阔，且器身高度与宽度接近，弧腹斜收至底部，与假矮圈足相接。铜罍通体饰络绳纹，风格写实，布局规整，别具美感。

　　络绳纹是青铜器上一类极具象征性的纹饰，模仿的是绳索编织的形态。其不仅美观，还可增加器物表面的摩擦力，便于搬运。另外，络绳纹常见于高等级礼器上，拥有者身份越高，纹饰越为繁复。

吴王鼎

春秋
高53.5cm　口径43cm
山西太原金胜村出土

　　此鼎口微敛，口沿两侧附耳，深腹，三足外撇，足跟饰兽面纹。通体饰细密的S形纹，鼎内壁铸铭文，似经锉磨，文字模糊难以辨识，隐约有"吴王"字样。

　　晚清同治年以来，山西省陆续出土了一批带有吴国铭文的青铜器，反映了春秋中晚期大国争霸的史实。公元前584年，楚人巫臣向晋景公请求出使吴国，施行联吴抗楚政策。吴王认为结晋对其扩张更为有利，遂背楚与晋结盟，从此吴国开始强大。

见证春秋风云变

内壁铭文

小知识：悼公复霸

　　晋悼公，名周，公元前573年至前558年在位，是继晋文公之后对晋国发展进程影响至深的国君。晋悼公即位后，任用贤能，发展生产，改革军队；礼遇诸侯，联吴抗楚，并实施和戎政策。悼公时期，晋国再次走向全盛。

> **小知识：联吴抗楚**
>
> 晋景公时期，实行"联吴抗楚"的战略，晋吴开始交往。公元前568年，晋悼公召集齐、鲁、宋、卫、郑等国与吴盟于戚（今河南省濮阳市），晋吴正式结盟。在晋国支持下，吴国日益强大，致楚腹背受敌。公元前506年，吴攻破楚国郢都，楚几乎灭国。晋地多处出土了吴国的青铜器，也是这一时代背景的见证。

联吴制楚鸟虫刻

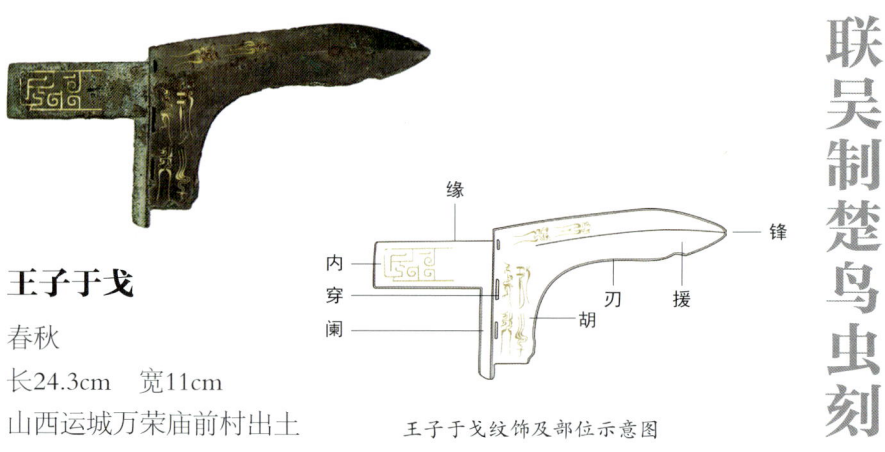

王子于戈

春秋
长24.3cm　宽11cm
山西运城万荣庙前村出土

王子于戈纹饰及部位示意图

　　戈一般由戈头、木柲（bì），以及柲上端的柲冒和下端的铜镈四部分构成。戈头的每个部分都有专门的名称：主要的刃部称为"援"；援末转折向下的部分称为"胡"；嵌入木柲的部分称为"内（nà）"；内和援之间的凸起部分称阑；援末和胡上用于穿绳固定的小孔称为"穿"。

　　此戈为直内，有三个穿孔，有阑，两面均用错金工艺铸有铭文，一面铭文为"王子于之用戈"，另一面铭文只有一字，暂时无法辨认。由铭文可知，这件戈属于王子于。王子于是吴王僚即位前的称谓，他是春秋时吴国第二十三任国君。晋国曾联吴制楚，这件吴国器物出土于山西，便是这一政策的证明。

　　器上铭文字体为鸟虫书，又称鸟虫篆，是一种艺术化的金文字体，其特点为在文字上加鸟、虫等装饰。春秋中期至战国时期，鸟虫书盛行于吴、越、楚、蔡、徐、宋等南方诸国。在金色鸟虫书的点缀之下，这件铜戈不再只是一件实用兵器，更增添了艺术价值。

第三单元
三晋称雄

晋国晚期，公室衰微，六卿专权，政出家门。公元前453年，韩、赵、魏三家分晋，揭开了列强兼并的历史序幕。公元前403年，周天子封韩、赵、魏为诸侯，战国七雄格局正式形成。战国时期，风云际会，群雄逐鹿，百家争鸣，社会变革，兼并与融合成为时代主旋律。

韩、赵、魏奋勇争先，变法图强，辟地拓疆，顺应时势，承继晋国余烈，续写三晋辉煌，推动了中国社会走向大一统的历史进程。

小知识

六卿专权

六卿，特指春秋时期晋国的军政体制。公元前633年，晋文公在外流亡19年后回国建立三军，每军设将、佐各一名，依次为中军将、中军佐、上军将、上军佐、下军将、下军佐，其中中军将为正卿，执政晋国，六卿出将入相——出征可为将帅，入朝可为宰相，掌管晋国军政大事。

春秋晚期，晋国公室衰微，赵、韩、魏、范、智、中行六卿专权。六卿无限制扩大私邑领地，争夺政治地位与权力，瓜分三军统帅，轮流执掌晋国政权，政出家门，埋下了晋国分裂的隐患。

晋卿赵鞅

晋卿赵鞅，春秋晚期晋国六卿之一，赵氏宗主，谥号"简"。他合诸侯之兵，拱卫周王室。铸刑鼎，颁布晋之法典。营建晋阳，建立赵氏基地。改革田制和税制，富国强兵。联合魏、韩、智氏，攻灭范氏和中行氏。公元前493年，成为晋国正卿，"实专晋权"。1988年，赵简子墓及车马坑在太原市晋阳古城北发现，出土随葬品3421件，规模之大，规格之高，印证了他"奉邑侔（móu）于诸侯"的地位。

夔凤纹罍

春秋
通高36cm　口径17.2cm　腹径37.8cm
山西太原金胜村赵卿墓出土

　　太原金胜村赵卿（赵鞅）墓是目前为止春秋时期等级最高、规模最大、随葬品最丰富、资料最完整的一处晋国高级贵族墓葬。

　　此器共出土两件，形制、大小、纹饰相同。方唇外侈，小口微敞，束颈，溜肩，圆腹斜收成平底。肩部饰兽首套环耳和铺首衔环各一对，兽首唇部向上卷曲，双目凸出，头长犄角，表情狰狞凶恶。环饰斜角云纹，罍（léi）颈部饰夔（kuí）凤纹，肩部、上腹部饰交龙纹，下腹部饰兽目交连纹和垂叶纹，垂叶纹内填夔凤纹。此器纹饰采用高浮雕技法制作，整体精美又华丽。

专权贵族大墓现

龙腾鹤鸣高柄壶

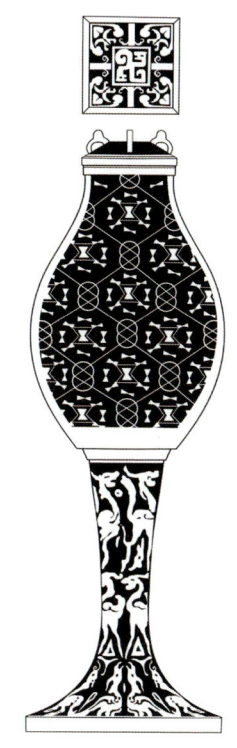

高柄小方壶纹饰

高柄小方壶

春秋
口部边长4.2cm　腹部边长8.9cm　通高28cm
山西太原金胜村赵卿墓出土

　　高柄小方壶出土时为两件，形制、大小、纹饰皆相同。该壶的盖子为盝（lù）顶式，盖顶四隅饰心形图案，正中饰相交的两龙，呈"卍"形。上有四个对称环形小钮，以子口插入壶的母口内。壶为小方口，颈部微敛，溜肩，鼓腹，下腹内收形成平底，下承喇叭形高柄圈足。壶身饰菱形和楔形银锭状的网格纹，柄足上则环绕三组似鹤的神鸟图案，造型别致，纹饰精美。器表还有一层黑褐色的涂料，充填在网格和花纹中间的凹处，使得整个器物呈现出一种镶嵌艺术效果，给人以古朴、俊秀的美感。经研究测定，这些涂料是石英、长石、褐铁矿、锡石、孔雀石等矿物的混合物。

侯马盟书（部分）

春秋
左，长4.96cm　宽4.78cm　厚0.28cm
中，直径4.97cm　厚0.72cm
右，长8.5cm　宽7.46cm　厚0.82cm
山西临汾侯马晋国遗址出土

盟书又称"载书"，是东周时期诸侯或卿大夫为了加强内部团结、打击敌对势力举行盟誓活动的约信文书。1965年在侯马晋国遗址发现了盟誓遗址，共出土盟书5000多件——统称"侯马盟书"，盟书内容书写于玉石之上，其中以宗盟类盟书数量最多。它是要求同姓宗族的参盟者团结起来、共同打击敌人的誓词，强调参盟人要侍奉本族宗主，反对政敌。盟书一般用朱红色书写，少数为黑色。

春秋时期的政治结盟活动一般要举行很隆重的仪式，结盟的内容都写在盟书里。盟书一式两份，一份由主盟人珍藏于盟府，一份埋入地下或沉到水中。

"侯马盟书"是1949年以来中国考古发现的十大成果之一。这些文字不但是中国现今考古发现最早的毛笔字，也有其独特的艺术价值。通过对字迹较清楚的650余件盟书的研究发现，其内容可分为宗盟类、委质类、纳室类、诅咒类和卜筮等，对于探讨中国古代盟誓制度、古文字以及晋国历史具有重大意义。

宗族盟书抵万金

夔龙纹建鼓座

春秋
高36.5cm　口径16cm　底径78cm
山西太原金胜村赵氏墓地出土

　　建鼓座是建鼓的底部支座，使用时将鼓柱插入銎口内，鼓便稳立不倒。

　　这件鼓座身上虽有不少斑驳，但仍难掩其曾经的华丽。鼓座表面隆起，正中间有一圆柱形銎（qióng）孔，用于插入鼓柱。銎口边沿饰有一周绹（táo）索纹，柱身饰一周蟠螭纹。鼓座表面饰四周兽首衔凤纹，并以高浮雕纹带相间隔。下方直壁上布满蟠螭纹，且等距分布有四个铺首衔环，便于移动或提拉。整器纹饰布局精巧，繁而不杂。

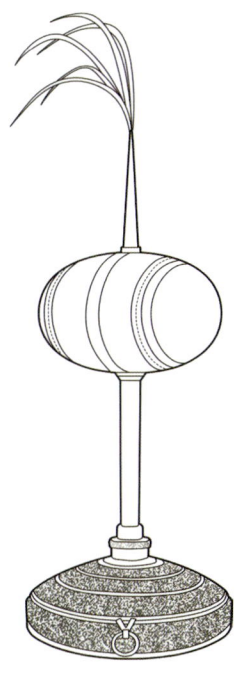

建鼓座复原示意图

敦实身躯承重鼓

晋国霸业

小知识：三家分晋

春秋末年，晋国国力衰退，被各大家族掌控实权，其中以智氏的势力最大。智氏试图削弱其他家族势力，引发了激烈的权力斗争。公元前453年，韩、赵、魏三家联合灭智氏，三分晋地，晋公室名存实亡。公元前403年，周威烈王正式承认韩、赵、魏为新的诸侯国。公元前376年，魏武侯、韩哀侯、赵敬侯瓜分晋国公室剩余土地，晋国最后的国君晋静公被废，晋国彻底灭亡。

三家分晋是中国历史上具有划时代意义的重大事件，改变了当时的政治格局，"春秋五霸"之一的晋国陨落，取而代之的是"战国七雄"中的韩、赵、魏三国崭露头角。这一事件是春秋与战国的分水岭，拉开了诸侯国之间相互吞并的序幕，司马光将其列为《资治通鉴》的开篇之作。

附耳蹄足镬鼎

春秋
高73.3cm　口径83cm
山西太原金胜村赵氏墓地出土

此鼎束口，平唇，束颈，双附耳外撇，鼓腹圆收形成圆底，下承三兽蹄足。腹部以绹（táo）索纹分隔成上下两部分，均饰牛头双身蟠螭纹，前后各有一环形耳，蹄足上部有兽头装饰。

据《周礼》载，镬（huò）鼎用以煮牲。镬鼎是古代贵族在祭祀、宴飨等重大礼仪活动中煮牲肉的饪食器。依形制大小分为牛镬、羊镬和豕镬，此鼎形体较大，应为牛镬。

祭祀宴飨煮大牲

铜牺立人擎盘纹饰

铜牺立人擎盘

战国
长18cm　高14.6cm　盘径14cm
山西长治分水岭墓地出土

　　此擎盘主要由牺兽和镂空圆盘组成。牺兽昂首竖耳，偶蹄，短尾，双目圆瞪，凝视着前方。兽体周身以细小鳞纹衬地，颈部饰有一周贝纹，腹中部饰云纹，两边以绹索纹框边，肘部和脊部各饰卷云纹，尾部饰垂叶纹。在牺兽背上站立一人，他披着头发，身穿饰麻点纹的右衽窄袖长袍，腰部系带，两臂前伸成合抱形，双手捧着盘柱，柱可转动，柱顶置镂空圆盘，盘上饰透雕相互缠绕的蛇纹，周边为镂空方格形边。

　　"牺"是古代对祭祀所用牲畜的称谓。此"牺"综合了多种畜禽的特征，驯良温顺，纹饰华美。

　　目前还没有发现类似器物出土，因此关于这件铜牺的用途尚未定论，有观点推测它可能用于熏香，也可能纯属把玩器。此器造型及装饰艺术皆十分精湛，堪称战国青铜器的佳作，体现了三晋青铜铸造工艺的卓越水平。

精工巧饰擎何物

卧羊琴轸钥

战国
高8.5cm　羊首至羊尾长4cm
山西长治分水岭墓地出土

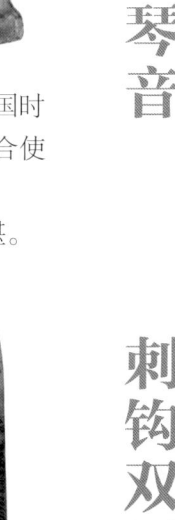

这件琴轸钥的钥首为卧羊形，形体肥硕，羊角上卷，口下垂须，四肢弯曲做蹲踞状。钥柄为上粗下细的柱形，细端呈方形，且口向内凹。

在琴瑟等乐器上，有一调弦用的小柱，名为琴轸。旋转琴轸可以调节琴弦的松紧，从而调整音高。战国时期的琴轸大多短小，于是琴轸钥应运而生，将其与琴轸套合使用，调弦更为方便。

整器虽体量小巧，却雕刻得颇为精细，足见工艺之精湛。

轻旋妙器调琴音

春平侯铍

战国
长33.4cm　宽3.4cm
山西朔州赵家口村出土

此铍（pī）的脊部平整斜从，向前聚成锋利的尖端，形成一道流畅的曲线。剑柄部分扁平茎，且末端有一小圆孔。铍的一侧平脊下端有用细线阴刻的小字，共2行19个字："四年，相邦春平侯，邦左库工师长身、冶尹囗，执剂。"记录了此铍由宰相春平侯监造的事件。

铍是装在古代长兵器上的短剑，类似于今天的刺刀，兼具刺和钩的功能，既能用于正面攻击，也可以用来钩拉敌人。

铍流行于战国时期，其设计在不同地区和时期略有变化，但总体上保持了刺和钩的双重功能。随着战术和战场环境的变化，铍的使用逐渐减少，被其他更为实用的兵器取代。

刺钩双用敌胆寒

金银嵌器闪华光

错金盖豆

战国
高19.2cm　口径17cm
山西长治分水岭墓地出土

  这件错金盖豆的盖顶捉手和圈足均作喇叭形，附耳位于器物腹部两侧，为环形。通体装饰有错金纹饰，捉手部分饰有柿蒂纹，颈部饰斜三角纹，腹部则装饰有变形夔（kuí）纹，足部饰以垂叶纹和三角云纹。纹饰精美，工艺精湛，充分展示了战国时期青铜工艺的高超技艺和艺术价值。

  错金银工艺是一种古代金属装饰技术，主要应用于青铜器、铁器等金属器物上。"错"，就是嵌错、镶嵌的意思。这种工艺通过在器物表面刻出凹槽或图案，然后将金、银丝或金、银箔嵌入其中，形成鲜明的对比，使器物更加美观和富有层次感。除了错金、错银，还有错红铜、错绿松石等，是战国时期盛行的一种装饰风格。

> **小知识：申不害变法**
>   公元前355年，韩昭侯任申不害为相，力行改革，以法治国，整顿吏治，加强对官吏的考核与监督；整肃军兵，将私兵与国兵混编，实施严酷的军事训练，提高战斗力；大力发展农业和手工业，兵器制造业尤为发达，"终申子之身，国治兵强，无侵韩者"。

陶泥若铜成新风

彩绘夔纹灰陶壶

战国
左，高38cm　口径13.1cm　底径14.2 cm
右，高34.7cm　口径13.1cm　底径14.5cm
山西晋中榆次区锦纶厂5号墓出土

　　这件陶壶是仿照青铜壶形制制成的。它为泥质灰陶，敞口，长颈，丰肩，圆鼓腹，假圈足较高。壶身通体饰有彩绘纹，颈部的三角形图案内填充有夔（kuí）纹，其余部分均饰几何纹。

　　战国早期，社会剧烈变革，三晋高等级贵族仍坚持使用铜礼器，但中小墓葬则开始使用仿铜陶礼器代替青铜礼器。最初的仿铜陶礼器，从器型、纹饰到装饰细节，都忠实地模仿青铜礼器，呈现出相当精致的外观效果。

　　山西出土了大量的仿铜陶礼器，一方面这是春秋战国"礼崩乐坏"时代背景下的典型产物，另一方面可见仿铜陶礼器逐渐成为生活中的新时尚。

> **小知识：李悝变法**
>
> 战国初年，魏文侯任用李悝为相，实施变法。政治上废除世袭贵族特权，选贤任能；经济上实行平籴（dí）法，促进生产。著《法经》，以法律来保护变法。魏国一跃成为战国首霸。这是中国变法之始，对后来的商鞅变法、吴起变法产生了深远影响。

容尺相参证古章

土匀錍

战国
高31.5cm 口径12.3cm
山西太原电解铜厂拣选

这件土匀錍（pī），侈口，束颈，溜肩，肩两侧各置一环耳，扁圆形鼓腹，平底，矮圈足。腹部饰络绳纹，颈部一面铸铭文1行6字"土匀容四斗錍"。据考证，"匀"是"均"的省写，"均"与"军"同音，故"土匀"即"土军"。《汉书·地理志》载："土军县在西河郡。"北魏时，改置为吐京郡，《水经注·河水》载："吐京郡治故城，即土军县故城也。"隋代废郡改县为石楼，即今山西省西部石楼县，战国时期属赵国疆域。

结合铭文与器物形制，专家推测此器可能为量器。经注水实测，其总容量达7000毫升，按铭文四斗折算，每斗容量1750毫升，单升合今175毫升。与中国国家博物馆收藏的两件战国右里升量器（实测单升容积分别为187毫升与184毫升）相比，此器容积基本吻合。

晋国霸业　125

民族熔炉

  山西，地处中原腹地与塞外草原的农牧交错地带，自古就是民族交流融合之地。

  战国至秦汉，长城南北，中原王朝与匈奴对峙数百年。魏晋南北朝，内迁山西的北方各民族先后崛起，相继称雄。四世纪末，拓跋鲜卑建立北魏，雄踞山西，推进汉化。其后，魏分东西，延及北齐、北周，各民族水乳交融，共同发展，催生了隋唐盛世。

  北魏平城、北齐晋阳，是北朝"丝绸之路"东端的国际大都市，中外文化交流和商贸往来空前繁荣。

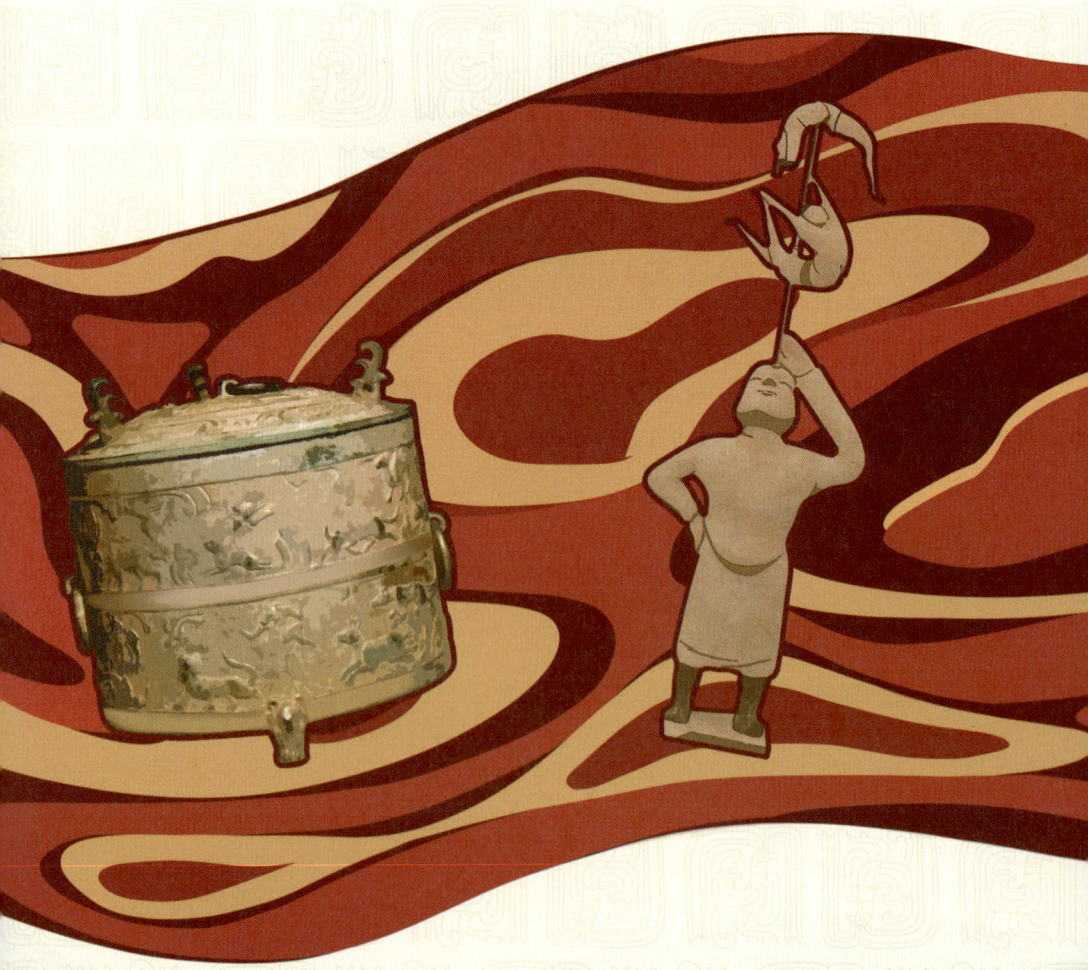

第一单元
长城内外

公元前3世纪,匈奴人兴起于北方蒙古高原,游骑南下,侵扰中原。秦始皇连接战国秦、赵、燕长城,构筑万里长城。汉武帝北击匈奴,山西北部长城关隘成为汉匈战争的要塞。东汉初年,匈奴分裂,南匈奴依附,曹魏时分其为五部,多数安置在山西境内;北匈奴在与汉王朝的百年角逐中,逐渐西迁,脱离汉境。魏晋时期,北方的羯、羌、氐、鲜卑等民族陆续内徙。西晋末年,南匈奴后裔刘渊在离石建立汉国,揭开了"五胡十六国"的序幕。其后两百年间,山西成为北方各民族碰撞融合的中心舞台。

> **小知识:平朔汉墓**
>
> 今天山西的平鲁、朔州一带,在汉代曾是汉王朝与北方的匈奴等游牧民族生产、生活的交错地带。20世纪80年代,平朔汉墓的发掘,以15000余件出土文物为我们铺开了一张汉代山西北部生活的历史画卷,多元共存的文化面貌反映了当时各民族的交流与融合状况。
>
> 平朔汉墓中发现了一批有匈奴、鲜卑民族特色的墓葬,出土具有北方草原民族特色的文物近百件。右玉县大川村出土的胡傅温酒樽等汉代铜器,中原器形与草原装饰浑然一体,是胡汉民族文化交融的典型物证。

中原草原浑一体

胡傅酒樽纹饰

胡傅酒樽

西汉
高35cm　口径65.5cm
山西朔州右玉大川村出土

  此器出土地在汉代为匈奴与汉族杂居区域。酒樽通体鎏金彩绘，中原器形与草原装饰浑然一体，技法十分罕见。器身虎、象、鹿、马、骆驼等动物图案形象生动，更显富丽堂皇。口沿刻铭文"劇（jù）阳阴城胡傅铜酒樽，重百廿斤，河平三年造"。劇阳、阴城均为西汉雁门郡辖县，劇阳在今应县北，阴城即阴馆，在今朔州市东南。

民族熔炉　129

胡傅酒樽百兽舞

胡傅温酒樽

西汉

高24.4cm 口径23.1cm

山西朔州右玉大川村出土

　　此器共出土两件，尺寸、形制、花纹均相同。通体鎏金，盖中央有提环，周围三个凤形钮，器底三个熊形足。盖部和器腹满饰高浮雕虎、羊、牛、猴等动物10余种。口沿阴刻铭文"中陵胡傅铜温酒樽，重廿四斤，河平三年造"。另一件文后多一个"二"字。中陵为西汉雁门郡辖县，在今右玉县威远镇。器形端正大方，纹饰精美，动物形象逼真。该器既具有北方草原文化特色，又不失中原的典雅之风，是汉代青铜艺术和技术的典范之作。

雁衔鱼首伴君眠

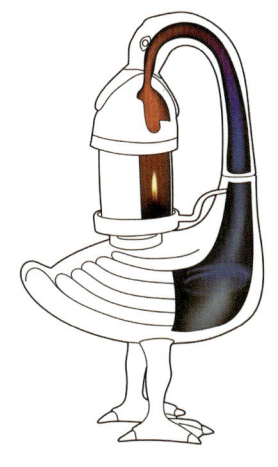

雁鱼铜灯

西汉
长31.9cm　宽17.6cm　高53.8cm
山西临汾襄汾吴兴庄村出土

雁鱼铜灯环保原理示意图

  雁鱼铜灯为一只鸿雁回首衔鱼的形状，雁眼圆睁，颈部修长，雁体宽肥，雁身两侧铸有羽翼，雁尾较短，微微上翘，大雁双足并立，雁掌有蹼。雁喙张开，衔有一条鱼，鱼身短肥，下接灯罩盖。

  雁鱼铜灯由衔鱼的雁首、雁身、两片灯罩及带曲錾（zàn）的灯盘四部分组成，可灵活拆卸。雁身为两范合铸，两腿分铸后焊接。灯罩为两片弧形屏板，可左右转动开合，既能挡风，又能调节灯光强度和照明方向。

  古人使用油灯时，多用动物油脂为燃料。"以人鱼膏为烛，度不灭者久之"是司马迁对秦始皇陵里"不灭长灯"的描写。因动物油脂含有水分等杂物，无法充分燃烧，燃烧时会产生黑烟、异味。为了控烟吸油，保持室内清洁，雁鱼铜灯在使用时，通常会在雁体内盛水，灯火点燃时，油烟和废气便通过鱼腹和雁颈导入雁腹、溶入水中，起到减少或消除污染、净化室内空气的功效。由此可见，至汉代时，我国的冶铁技术发展迅猛，青铜艺术和科学技术飞速发展，青铜器不再只作为礼器使用，而是以日常生活用具的形式进入上层家庭。

  此灯构思巧妙，制作精美，代表了汉代青铜艺术和科学技术发展的水平。

高奴礼器出汉墓

器身铭文

高奴庙钫

西汉
高37.1cm
山西朔州平朔汉墓出土

  高奴庙钫是祭祀礼器。此款庙钫呈方口，短颈，方底，圈足，鼓腹下收。礼器腹部两侧附铺首衔环，器身多阴刻铭文，口沿刻"高奴庙"，颈部刻"饶"，腹部刻"大名五重十四斤四两"等字。

  高奴庙钫出自平朔汉墓。此墓位于朔州城北5公里处，于1983年发掘，共有1500多个墓葬，墓葬分布密集。墓葬有墓穴、洞室、砖室、木椁（guǒ）等多种，墓道和墓室有多种形制。墓中所葬，大多属王、泰两姓家族，而且多是一棺一椁。墓中有陶器、铜器、玉器、漆器等生活用具和珍贵的殉葬品1.5万多件，是全国最大的汉墓群。

  山西北部地区是汉王朝与北方草原民族交往的要冲之地，平朔汉墓的发掘，从侧面反映了当时各民族的交流与融合的状况。

染炉调味似火锅

四神染炉

西汉
高24cm　长22.5cm
山西朔州平朔汉墓出土

  这件器物虽然名为"染炉",却与染色无关,而是一件用来盛装调味酱的高级饪食器。"染"在此指的是调味用的豉酱,同时又有浸、蘸等动作之意。

  这件染炉上方置有耳杯,炉身上部四面透雕有青龙、白虎、朱雀、玄武四神形象,底座下小上大,大致呈四层阶梯状,较短的一边设有曲形手柄,底部为四矮蹄形足。使用时,上方耳杯置酱,下方可燃炭加热,其功能类似现代的小火锅。

铜官职守见鼎铭

器身铭文

安邑宫鼎

西汉

高23cm　口径21.2cm　耳间距27.5cm

山西临汾洪洞县李堡村出土

  这件安邑宫鼎为敛口，鼓腹上部有平而薄的凸棱一周，两侧有对称立耳，三蹄足稳稳支撑着器身。器身阴刻铭文3行39字："安邑宫铜鼎一，容三斗，重十七斤八两，四年三月甲子，铜官守丞调令史德，佐奉常工乐造第三十一。"铭文表明此鼎为安邑宫所用，容积为三斗，重量为十七斤八两，制作时间为四年三月甲子日，由铜官守丞调、令史德、佐奉常、工乐共同监制，是同类器物中的第31件。

  安邑为西汉河东郡治所在地，位于今山西夏县禹王城遗址，西汉初曾在此地建安邑宫。铭文中提到的"铜官"为西汉铸造铜器的专门机构，说明了当时铜器生产的专业化管理。此鼎的出土，为研究西汉职官制度、手工业组织、度量衡体系及青铜器铸造工艺提供了重要的实物资料。

胡风传入镇他用

铜镇示意图

铜人形镇

西汉

高9.6~10.5cm

山西朔州平朔汉墓出土

古人"席地而坐",时间久了席角容易卷曲,于是用青铜铸成的席镇压角。胡床传入后,变为垂腿而坐,席镇失去原有功用,被改用为写字作画时的压纸书镇。

这四枚铜镇以人物为题材,或端坐,或后仰,姿态各异,似友人在席上闲谈,恰与其功能相符合,汉代人的生活情趣从小小的席镇中自然流露。

鹰虎搏嘶勇者胜

鹰虎互搏饰片

西汉

长11.4cm 宽7.1cm

山西太原电解铜厂拣选

这件饰片的图案为鹰虎互搏，左侧为一长身虎躯，右侧伫立一鹰，猛虎低着头作张口咬鹰状，鹰则伸展着脖颈，高高翘起尾巴，张开翅膀，伸出它的喙啄咬老虎的脖颈。猛虎擒扼雄鹰，雄鹰撕咬猛虎，相互奋力搏杀，构成了一幅紧张激烈、栩栩如生的虎鹰搏击图。

此物为古代衣服革带上的装饰物，具有浓郁的草原风格。这类器物主要出土于匈奴曾活动过的区域，以写实的手法刻画神话中或现实中动物搏斗的场面，图案有双牛、双羊、双龙、虎豹、虎马、虎鹰、龙虎等，题材丰富，制作精美。

金箔饰片

东汉

长1～2cm

山西朔州出土

  金银箔贴花漆器风行于西汉中期至新莽时期。金银箔题材以各类动物形象为多，工艺多为黄金锤制，工艺过程较为复杂，动物形态更加丰满逼真。

  这套金箔饰片共21件，均为金箔剪成，应为漆器上的装饰。金箔贴的人物形象多为动态，有骑射、舞蹈、跽（jì）坐、奔走等；金箔贴的动物则极具北方气质，有虎、豹、狼、鹿、鸵鸟和玉兔等。这套金箔饰片中的动物，刻画传神，有的呈静卧状，有的徐徐前行，有的仿佛蓄势待发，一跃而起准备捕捉猎物，静如处子、动如脱兔的形象跃然纸上。

  整套金箔饰片，人物与动物形象交替出现，形象极其生动且富于趣味，制作精美，形象富有汉代北方草原文化与中原文化交汇影响的风格，是不可多得的艺术品。

金箔百兽漆上花

第二单元
平城时代

鲜卑族拓跋部早先游牧于鄂伦春草原，后逐渐西迁，南下山西。338年，首领拓跋什翼犍在繁峙（今山西省大同市浑源县西）建立代国，后定都盛乐（今内蒙古自治区和林格尔县）。398年，拓跋珪定国号为魏，迁都平城（今山西省大同市），史称北魏。此后，平城成为中国北方政治、经济、军事和文化的中心。

平城时代，辉煌百年。太武帝拓跋焘（tāo）统一北方，文成帝拓跋濬开凿云冈石窟，孝文帝拓跋宏掀起改革浪潮，更服改姓，推行汉化，494年，迁都洛阳，将改革进行到底，全面促进民族融合。

羊角饰

魏晋
高11cm
山西朔州右玉善家堡墓地出土

鲜卑残垣今仍留

这件羊角饰用羊角和部分头骨加工而成，底部为圆形，上面安有二角。圆底处，沿骨缝断裂为二，沿边缘钻四组八个孔，每两孔相互对应，当为连缀加固用。

右玉古称善无，它的故城遗址是现在的右玉城镇，残毁的城垣及瓦砾尚在。善无东临平城，南接中陵，往北经盛乐（今内蒙古自治区和林格尔县）进入大漠，自古便是边塞要冲，也是各民族活动的大舞台。善家堡墓地的文化面貌表现出以鲜卑文化特征为主，兼容匈奴文化和汉族文化因素的多元共存的鲜明色彩。

城郭处处牛车行

陶牛车

北魏
牛，长32.6cm　高20.4cm
车，长29.7cm　宽15.7cm　高27.6cm
山西大同曹夫楼村宋绍祖墓出土

  这件陶牛车由陶牛和陶车构成。牛头有笼套，四腿短粗，周身遍涂朱红色，并有多条黑线勾画的小方格，横纵交错处有白色圆形图案。车盖呈椭圆形，顶部隆起似整甲，车厢后方开门两扇，车厢两侧各开窗两个。窗下分别有三个孔，应为插杆竖幔所用。车轮系泥质灰陶制成，施红黑色。

  牛车，也称为"犊车"。魏晋时期，以往马车作为出行工具的习惯发生了改变，无论高贵王侯，还是布衣平民，都喜欢坐着慢悠悠的牛车。出现这种变化的原因，一方面是汉末至三国时期，战争频繁，马匹数量锐减，于是人们出行便逐渐用牛替代了马；另一方面，魏晋时期士人追求舒适的出行体验，牛车出行渐成士人们的一种时尚生活方式。

  陶牛车作为殉葬品最早可以追溯到先秦时期的车马殉葬，商周时期的贵族墓中，也多有真车马及车马器物殉葬。从考古发掘的结果来看，车马殉葬制度一直延续到西汉初期。西汉中期以后，车马殉葬的形式逐渐从实物殉葬演变为在墓壁绘出"连车成骑，骖（cān）贰辐骈"的车马出行图。

  南北朝墓葬中有大量的牛车形象。模仿墓主生前座驾的陶牛车，常被放置在墓室内靠近墓门的地方，仿佛随时准备载着主人出行。

纵马提缰赴沙场

甲骑具装俑

北魏

长32.4cm　高30.5cm

山西大同曹夫楼村宋绍祖墓出土

　　这款甲骑具装俑头戴兜鍪（móu），正襟危坐于马上，他左手呈持马缰绳状，神情肃穆，目视前方；战马壮硕，呈低头奋力前行状。虽然陶俑右臂残缺，身上铠甲已经模糊不清，从外观望去，仍然能看出将士驰骋疆场的威武英姿。

　　甲骑具装俑是仪仗俑之一，最早出现于北朝时期。北朝时期，战事频繁，为了保护战马，开始给战马披上铠甲，即史书中所称的"甲骑具装"。随着战争的进行，这些甲骑具装也出现在中原地区，马铠也逐渐成为军队较为普遍的装备。甲骑具装的普遍使用使骑兵的攻击和防护能力都得到了极大提高。

小知识：宋绍祖墓

　　在山西省大同市曹夫楼村，有一处北魏墓葬群。其中一座据所出墓志砖可知，为北魏太和元年（477年）宋绍祖墓。

　　墓中出土仿木构石椁（guǒ）和大量陶俑。石椁为仿木构三开间单檐悬山式殿堂建筑，分前廊和后室，由数百块青石构件拼合组成。该墓出土陶俑170余件，以牛车为中心，可分为甲骑具装俑、鸡冠帽武士俑、风帽仪仗男俑、披铠步兵俑、男侍俑、女侍俑、胡人伎乐俑等种类，骑兵、步兵、伎乐和侍仆等组成盛大的出行队伍，既承袭中原传统，更显示鲜卑特色。

杂技奇才百般艺

杂技俑

北魏

高24.5～45cm

山西大同曹夫楼村出土

  中国杂技源远流长，萌芽于新石器时代，至迟在春秋时已有多种表演项目。在汉代杂技称为"百戏"，隋唐时叫"散乐"，唐宋以后为了区别于其他歌舞、杂剧，才称为杂技。

  北朝时期，中亚和西域的艺术家大量入华，为中国杂技注入新的活力，这在出土的北魏文物中多有生动展现。

  这组彩绘杂技陶俑，由九个俑人组成，其中六人在旁边环绕表演者，或聚精会神地观赏，或鼓掌喝彩，各具神态；中间的三人正在表演。深目高鼻的胡人为顶幢者，他伫立仰首，一手卡腰，一手扶着一支长杆，额正中有圆孔，两童子在幢杆上做惊险表演：一童子在竹竿上端，作折腰状，一童子在竹竿顶端，整个人悬空折腰。两小童舞动身姿，上下翻飞，动作惊险。

小知识：俑

  俑是古代随葬习俗不可或缺的一部分，是以陶、木、青铜、瓷、石或贵重金属等材料制作的小型人偶，属于殉葬的模拟品，目的是代替活人殉葬。

  殉葬是指将死者生前享用的一切，包括妻妾、奴仆、臣子等一同埋进坟墓的古代丧葬习俗。商朝，人殉现象时有发生，秦汉以后很少有人殉葬，往往代之以木俑、陶俑等。

  俑在东周墓中出现渐多，秦汉至隋唐盛行，北宋以后逐渐衰落，但仍沿用到元明时期。

民族熔炉

石雕帐座

北魏
底座长32cm　宽32cm　高16.5cm
山西大同石家寨村司马金龙墓出土

石雕帐座共出土四件。这件帐座顶部是莲花形状，鼓部高浮雕蟠龙和山形，呈覆盆形。底座为方形，底座四壁以浅浮雕工艺雕刻着波状形的缠枝忍冬纹、莲花纹；方座四角，各有一圆雕伎乐童子，有的击鼓，有的吹觱篥（bì lì），有的在弹琵琶，有的在翩翩起舞。顶部有圆形插孔，用于插屏风或帐幔，顶部圆形插孔外是饱满的双莲瓣，为浮雕工艺；腹部镂雕四条蟠龙，首尾相衔，身姿遒劲。

石雕帐座多用来承插、固定帐架，有石质和陶制之分。石雕帐座与砖雕、门楣等装饰建筑艺术品一样，富于装饰美、图案美。

这件石雕帐座上的伎乐、盘龙、莲花及忍冬纹等装饰题材和雕刻作风与大同云冈石窟中部窟群的装饰艺术风格类似，是秦汉雕刻艺术的延续和发展，同时吸收佛教文化和西域文化的元素，显示出北魏时期高超的石刻艺术水平，堪称杰作。

磐石固帐遮风霜

小知识：司马金龙墓

司马金龙墓位于山西大同石家寨村，为砖砌多室墓，是司马金龙与其妻钦文姬辰的合葬墓。

该墓出土有墓志、石雕帐座、贴金木兽头、陶俑、漆画屏风板、石棺床等各类珍贵文物450余件。其中既有充满游牧风情的器物，也有充满江南意趣的器物，是南北朝时期民族融合、文化交流的一个缩影。

司马金龙，河内郡温县孝敬里（今河南省温县）人。他下葬于北魏孝文帝太和八年（484年），其父为投奔北魏的东晋皇族司马楚之，其母为北魏河内公主。

石雕人物动物砚

北魏
高8.5cm 长21.2cm 宽21cm
山西大同南郊出土

砚台为文房四宝之一，是古代文人案头不可缺少的重要用具，既实用，也可为案头增添风采。

这件石砚由浅灰色细砂石雕成，砚面中心为正方形砚池，砚池四周饰有连珠纹和莲瓣纹。两侧各雕有一组相对的耳杯式水盂和方形笔掭，其两端有成双的鸟兽作欲饮水状，在砚面的对角有莲花座笔插。小小一方砚台，构图紧密，纹饰华丽，实乃北魏石刻艺术中的高水平佳作。

研墨赏景两不误

隶楷交融锋骨劲

墓表铭文拓片

司马金龙墓表

北魏
高64.2cm　长45.7cm　宽10.5cm
山西大同石家寨村司马金龙墓出土

　　该司马金龙墓表刻在一圆首碑上，附碑座。碑额上部刻篆书"司空琅琊康王墓表"8字。表文10行，内容为："维大代太和八年岁在甲子十一月庚午朔十六日乙酉。代故河内郡温县肥乡孝敬里使持节侍中镇西大将军吏部尚书羽真司空冀州刺史琅琊康王司马金龙之铭。"墓表书法融合隶楷笔意，以方笔直势为骨，圆笔曲势为辅，结字宽博雄奇，字势清峻刚健，高古典雅，气势雄浑。

　　司马金龙家族原为东晋皇族，其父司马楚之因宫廷争斗而北渡降魏，封琅琊王，其母为北魏河内公主，父死袭爵。此墓表出土于司马金龙与夫人钦文姬辰合葬墓，该墓葬是迄今在大同地区发现的规格最高、保存最好的北魏墓葬，墓中出土的大批珍贵文物，反映了北魏王朝积极吸收先进的汉文化，任用大批汉人士族地主为官的政策导向。

列女圣贤东晋风

漆画屏风板

北魏

长80cm 宽40cm

山西大同石家寨村司马金龙墓出土

　　这组木板漆画是司马金龙墓漆画屏风的一部分，屏风置于石棺床上。

　　该木板漆画为木胎漆绘，板面涂朱漆地，黑红对比分明；画面采用渲染和铁线勾描的手法，以黑漆勾线条，两面均绘有精彩的漆画，色彩浓艳；漆画的屏风之间由榫卯连接，结构巧妙。

　　画面分为四层，其中，正、背面绘画内容均为列女、圣贤的故事，故事题材取自《列女传》《孝子经》等古籍。毛笔所书的题记和榜题文字，上承汉隶传统，下开真书先河，字体圆润俊秀、气势疏朗，是少见的北魏墨迹。从绘画技法与风格来看，与东晋著名画家顾恺之的画作《洛神赋图》《女史箴图》比较接近。

　　木板漆画呈现出鲜明的东晋、南朝的文化特征，反映出当时南方绘画对平城的影响，折射出当时的社会意识形态和经济文化生活，对研究魏晋时期的中国绘画艺术和南北朝文化交融具有重要价值，是中国美术史上的一次重要发现。

鲜卑汉化引路人

虎头门墩

北魏

长40.5cm 高31.5cm

山西大同方山永固陵出土

此门墩为灰白色细砂石制成,造型优美。墩总体呈长方形,前部雕成虎头状,中间凿孔嵌门柱,后部嵌入壁内。

永固陵位于大同市新荣区西寺村,墓主为北魏文成帝拓跋濬(jùn)的皇后冯氏,史称"文明太后",是拓跋鲜卑走向汉化的引路人。永固陵的北边是北魏孝文帝拓跋宏的寿陵"万年堂"。永固陵于太和五年(481年)开始营建,三年后竣工。历史上,该墓曾多次被盗。1976年进行发掘清理,为砖砌多室墓,由墓道、前室、甬道、后室等四部分组成。出土有铜簪、骨簪、铁箭镞、铁矛头、残石俑等,其中石雕门框、门拱及门墩,尤为珍贵。

永固陵是目前唯一能够确认的北魏平城时代皇家陵园遗址,对于研究北魏时期的历史文化具有重要意义。

孙龙石棺

北魏
长200cm　宽80cm　最高95cm
山西晋中榆社河洼村出土

孙龙石棺是目前所见北魏洛阳时代纪年最早的石质葬具，出土时，棺盖已经破碎，但两块帮板和一块头挡基本完整。从现存三件构件推断，石椁（guǒ）整体应为头大尾小、头高尾低的匣状，具有浓郁的鲜卑风格。

石棺一侧帮板的浮雕图案以骑龙升天为主体，另有宴饮、出行等图案；另一侧帮板的浮雕图案以虎为主体，另有百戏、射猎等图案。头挡刻有枢铭（官名）及宴饮、乐舞等图案。中央刻有墓主人夫妇席坐平台上宴飨的情景，两侧有仆人伺候，另有朱雀图，平台下面刻绘乐师和舞女。图案体现了墓主驾龙升天和亲人追怀的内容，表达了人间与仙界俱享安乐的愿景，是北魏迁都洛阳后，山西地区贵族社会生活的珍贵资料。

仙界人间俱安乐

孙龙石棺纹饰

民族熔炉

石椁壁画

北魏
高130cm　长211cm
山西大同智家堡墓地出土

　　这件石椁（guǒ）为抬梁式承重墙结构，单檐人字坡悬山顶。整个椁室由数十块不同形状的砂岩料石拼合而成。彩色壁画分别位于石椁内四壁、顶部、三角形梁和脊博上，壁画绘于石材表面。此为石椁北壁的壁画，共绘9人。画面中央为墓主夫妇二人并坐于榻上，男子头有垂裙的黑帽，面部涂红，身着粉红色窄袖交领袍衫，服饰通体宽大，衣袖袖口较窄而上部宽大。右手持麈（chén）尾举于肩。身前置三兽足红色凭几。女子服饰与男子相同，只是黑帽中间下凹，且袍衫白色在领、袖口、裙摆处饰以粉红色边，双手笼袖于胸前，墓主人东侧站立着两位男侍，他们着装相同，均为头戴垂裙黑帽，身着袴褶，袖口与裤管都较窄，黑鞋。墓主人西侧为女侍二人，皆头戴垂裙黑帽，上身着交领窄袖袍，下穿及地长裙。一人手捧圆盘，另一人手持碗。二人身前的大案上置大樽，内置酒具，案前面还有一细颈高壶。二人身后是一棵参天大树，枝繁叶茂。

　　我国古代石椁上常绘有壁画，其是丧葬制度的产物，以独特的艺术形式诉说过去人们对死亡的认识，同时也为后世留下了研究社会演变的重要实证。

石椁精雕留旧影

第三单元
别都晋阳

晋阳自春秋建城以来,一直是贯通中原与北方的政治都会。北魏时期成为进取中原、控扼北方的军事重镇,为东魏"霸府"、北齐别都。534年,北魏政权分裂,东魏以黄河及河南洛阳一线与西魏为界,建都邺(今河北省邯郸市临漳县南),大丞相高欢坐镇晋阳"霸府",遥控朝政大局。550年,高欢之子高洋废东魏自立,史称北齐,升晋阳(今山西省太原市西南)为别都。数十年间,晋阳是王朝实际的政治、军事、经济和文化中心,掌控着东魏、北齐的政权根本。

武士神勇似当年

镇墓武士俑

北齐
左，高63.5cm
右，高64.4cm
山西太原王郭村娄睿墓出土

娄睿（531—570年），北齐外戚大臣，武明皇后娄昭君侄子。其墓于1979年发掘。墓内出土大量瓷器、陶器、石刻等随葬品。

这两件武士俑，浓眉大眼，双目炯炯，神态威武。他们头戴长裙金盔，护颈护耳，上身穿鱼鳞镶红边的双圆贴金明光铠，两肩披镶红边的护肩，黑色革甲，腰间束红色革带，白色长裤褶，膝部有紧扣，着乌黑靴。俑左手扶持镶黑边红色虎头长盾，右手贴身下垂，作握武器状。虽然武器已遗失，但武士俑仍展现出威武有力、英勇善战的状态。

北朝镇墓俑以陶质为主，并形成相对固定的组合，包括着甲胄的武士俑、牛状镇墓兽、牛车和鞍马模型，仪仗俑及男女婢仆俑。

小知识：娄睿墓

娄睿墓位于太原市王郭村，1979年发掘。墓内出土大量瓷器、陶器、石刻等随葬品。墓道和墓室布满壁画，现存200余平方米。壁画以绚丽多彩的大型画卷形式，描绘了墓主生前出行、回归、宴饮等生活场面，并通过祥瑞和天象图景，想象墓主死后升天的空幻境界。壁画场面恢宏，技法高妙，代表了北朝绘画的最高水平，是填补中国美术史空白的杰作。

娄睿墓志、墓志盖

北齐
长81.5cm　宽81.5cm
山西太原王郭村娄睿墓出土

娄睿墓志位于墓室的西南角,其由两部分组成,上层为盝(lù)顶墓志盖,盖四角各有一铁环,顶部刻"齐故假黄越右丞相东安娄王墓志之铭"。下层为墓志,刻铭13行,共866字。志文以骈体文赞颂墓主人娄睿的显赫家世和本人的丰功伟绩等,与史籍所载基本相同。

娄睿,鲜卑人,本姓匹娄,简改姓娄,北齐统治者鲜卑族高氏的外戚。其姑母为北齐王朝奠基人高欢的嫡妻,其家族显于东魏、北齐两代。娄睿以外戚勋贵的身份历任司空、司徒、大将军、大司马、太尉、太师、太傅等职,封东安郡王。《北齐书·娄昭传附娄叡传》中记载,其性格贪纵、聚敛无厌、纵情财色,为时论所鄙。

墓志盖铭文拓片

墓志铭文拓片

鲜卑外戚铭石上

墓志

墓志盖

民族熔炉

镇墓黑兽护亡灵

兽面镇墓兽、人面镇墓兽

北齐
左，残高42.3cm
右，高50.2cm
山西太原王郭村娄睿墓出土

　　这是一组镇墓兽，均通体乌黑，呈蹲坐状，脊背上有剑形毛，长尾上卷。兽面镇墓兽狮头高昂，龇牙咧嘴，四狮爪；人面镇墓兽，圆脸为白色，剑眉，深目，高尖鼻，大耳。头戴黑盔，盔顶竖戟形物，下有四个圆蹄。

　　镇墓兽是墓葬中厌胜、驱鬼之物，通常放置在墓室内，流行于春秋战国到宋元时期。《周礼·夏官》中有关于"方相氏"以戈驱赶墓中鬼怪的记载。镇墓兽是想象出来的异兽，带有人的意念和情感。人们将其塑造成恐怖怪异、凶猛强悍、愤怒暴烈的形象，似人非人，有超人的力量，用以护佑墓主。北朝镇墓兽通常为一对，一为人面，一为兽面，前者可以追溯到楚国墓葬内的人形镇墓兽，后者的早期形态可能是东汉时期墓葬内的独角兽。

《出行图》壁画

北齐

长约520cm　高约156cm

山西太原王郭村娄睿墓出土

千乘万骑摇翠华

　　娄睿墓的墓道和墓室遍布彩绘壁画，现存200余平方米。壁画以绚丽多彩的大型画卷形式，描绘了墓主生前出行、回归和宴饮等生活场面，通过祥瑞和天象图景，想象其死后飞升天界的空幻境界。壁画想象力丰富，场景恢宏，技法高妙，代表了北朝绘画的最高水平，堪称填补中国美术史空白的杰作。

　　这组壁画取自墓道西壁第二层的一部分。壁画前边是两位导骑，一人策马凝视前方，另一人勒马回首，其坐骑好像受到惊吓，马头高昂，前腿却步，后腿蹬，正拉出长串的粪便；中间的一组队伍，人物和马匹形态各异，其中最左侧的一匹枣红马很引人注目，它双目传神，不论观者在哪个位置，都感觉这匹马在与你相对凝视；再往后一组也有两位导骑，一人策马扬鞭，注视前方，另一人的坐骑似乎受惊，马头高昂，骑手则紧勒缰绳，低头弯腰目视下方，也表现出惊慌失措的样子。

　　壁画的整个画面构图疏密得体，人物和马匹神态酷肖，体现了艺术家高超的画技和对生活精准的观察力。

民族熔炉　　153

莲绽忍冬不凋零

黄绿釉龙柄凤首壶

北齐
高48cm　腹径23cm
山西太原王郭村娄睿墓出土

　　这件凤首壶通体施黄绿釉，釉层较厚。壶为盘口，圆唇微敞，细长颈，平折肩，鼓腹，下腹内收成小平底。肩前部有一实心凤首，后部为并列两根细高螭颈柄，螭口衔壶口，颈顶部有鬣毛。肩两侧各有一对扁方形圆孔系，系外侧有纹饰。壶颈上施四周弦纹。两旁各有三个钮，中间钮下贴有莲花一朵。螭柄、凤首及六组钮下各垂束莲纹和忍冬纹。腹壁以棱线分界，下贴四只展翅凤鸟，造型生动细腻。

　　魏晋南北朝时期佛教兴盛，因而器物上常见莲花纹、忍冬纹等佛教装饰元素。我国自古爱莲，后因佛教传入又赋予其新的寓意，象征净土与修行者的纯洁，也寄托着乱世中人们对平和无争的向往。此外，壶腹下凤鸟也被视为引导灵魂升天的神鸟。整器造型简练端秀，釉色匀净莹润，体现了当时瓷器烧造的高超技艺。

彩绘鸟兽望龙虎

彩绘石雕墓门

北齐

高160cm　每扇宽64cm

山西太原王家峰村徐显秀墓出土

　　这是一对浮雕彩绘石雕墓门。上部雕刻鸟身兽头蹄足兽，兽头微微仰首，口中衔有花草，鸟身双翅高振，呈展翅飞扬之状；下部刻的是青龙、白虎，二者图案清晰可见，但在后期彩绘时，又用颜料改绘成鸟的形象。

　　门扇四周刻有莲花和云气纹，寓意祥瑞；两扇墓门中间，各有一方形孔洞，周围呈现铁锈痕迹，此处应为铺首衔门环的位置。

　　徐颖（501—571年），字显秀，忠义郡（今河北省张北县）人，官至太尉，封武安王。其墓出土有陶器、瓷器等500余件，揭露彩绘壁画330余平方米。这是继娄睿墓之后，太原市发现的又一座高规格墓葬，对研究北朝物质文化史具有重要意义。

彩绘石雕墓门纹饰示意图

胡风回潮辫发谁

头部背面

辫发骑俑

北齐
体长26cm　残高30cm　马高25cm
山西太原王家峰村徐显秀墓出土

  此俑面庞丰润，面带微笑，长发披肩，头发分12瓣，左右两侧各一瓣系结于头后部中央，余10瓣披于背部。着橘红色圆领半袖衫，俑后部露出半袖衫下摆，下摆在中央分叉，边上缀有装饰，腰系黑带。左腰斜挂长剑。

  鲜卑人有辫发的习俗，南朝人常蔑称其为"索头虏"和"索虏"。此俗孝文帝改制时已被基本革除。公元524年"六镇起义"后，以高欢为首的怀朔集团控制东魏，以宇文泰为首的武川集团控制西魏，当时统治者均为鲜卑族或鲜卑化的武将，从而引起"胡化"回潮，辫发在部分人中再度流行。目前还无法确认此辫发俑的民族归属，有学者认为是突厥人。

宝莲灯烛佛前供

鎏金铜莲花烛台

北齐
座长9.8cm　宽4.5cm　高13cm
山西晋中寿阳贾家庄村厍（shè）狄回洛墓出土

　　这件莲花烛台由三支莲花烛柱、烛座及一张长方形案子组成。莲花烛柱的圆筒内存有木质的烛蒂。此烛台设计巧妙，制作精细，与北魏司马金龙墓的屏风漆画"灵公与灵公夫人"画面左上角的烛台相似。

　　与前代相比，南北朝时期青铜容器的种类和数量都不甚丰富。根据文献记载，铜器在北朝时颇受士人珍视。厍狄回洛墓等北朝墓葬中出土了一批铜容器，主要包括长颈瓶、敞口盆、手炉、香宝子、多足盘、灯、圆盒等前代未见的新器形。研究表明，这些器物为礼佛组合用具，不仅为僧侣所用，在信徒的日常信仰活动中也发挥着重要作用。当时的崇佛人士认为佛教能够庇佑亡者，以铜礼佛用具随葬，不仅是墓主人生前信仰、经历的反映，同时也是佛教影响丧葬的一个例证。

小知识：厍狄回洛

　　厍狄回洛是北齐时期的一位贵族，出生于朔州部落，曾任肆州刺史、定州刺史等职。孝昭帝即位后，封厍狄回洛为顺阳郡王。

　　厍狄回洛墓葬研究显示了北齐时期贵族墓葬的文化和建筑特点。墓葬中的木椁（guǒ）复原探讨了木椁的形制、木构件尺寸，以及对木椁外观与结构的复原方案。这些研究揭示了北齐时期墓葬文化的变迁，尤其是在墓葬中营造出一个地面式的府第的尝试。

画像砖

北齐

高约17.5cm　长约20cm　宽约6.5cm

山西朔州开发路出土

　　这组画像砖均呈长方形，青灰色，质地较为松散。每块砖均于一面模印图案，且自成一个画面。画面选用红、黑两色进行渲染，并以一周连珠纹构成边框，内容丰富，有备马出行、骑马射猎、伎乐舞蹈、老虎、孔雀、莲花等。

　　画像砖，顾名思义，即刻画或模印有画像纹饰的砖，盛行于汉代，至三国两晋南北朝时期仍十分流行。画像砖不仅是建筑构件，更重要的是其作为墓室装饰，承载着丰富的历史信息，为研究当时的社会风貌、文化艺术、墓葬制度等提供了重要资料。

青砖渲染万象生

第四单元
异域来风

　　浩瀚丝路贯通东西，亚洲各地和地中海诸国的使者与商人曾云集平城、晋阳，流布异域风情，领略中土物华。佛教东渐，异域来风，促进了中西文化交流，推动了西方文化艺术的中国化进程，也为我们留下了至今依然光彩夺目的奇珍异宝。

小知识：北朝金银器

　　金银是贵重金属，具有延展性，易锤打成形，又有亮丽的天然色泽，且不易氧化变色，是制作工艺品的良好材料。自从人类发现、认识了金银之后，就将其加工成为各种金银制品，西方使用金银器皿的历史较早，我国金银制品大约在商代开始出现，春秋战国时代已有金银镶嵌工艺，但金银器皿在我国南北朝时期才大量出现。

　　北魏太武帝〔拓跋焘（tāo）〕时期，北魏统一河西地区，疏通丝绸之路，并且开展了卓有成效的交流活动。北魏多次遣使赴西域，西域诸国也"遣使来献"，波斯萨珊王朝的使者曾五次造访平城。中亚、西亚的商人通过丝绸之路开展贸易，将西方的珍稀物品源源不断地带往平城，其中包括大量的金银器，考古发现的有童子葡萄纹鎏金银高足杯、银八曲长杯、刻花鎏金银碗、镶宝石鎏金高足杯等，这些在当时都是非常珍贵的奢侈品。

从此晶莹变平常

玻璃碗

北魏

高7.5cm 口径10.3cm

山西大同南郊出土

　　此碗是波斯萨珊王朝饮食器。碗呈浅绿色，半透明，侈口，圆唇，宽沿，球形腹，腹外壁磨饰出纵横排列有序的椭圆形凹面纹样，圜（huán）底饰有七个较大的圆形凹面。其磨饰工艺精湛，实为玻璃却貌似琉璃。

　　北魏平城时代，中西方交流频繁，通过丝绸之路传入中国的玻璃器是当时国际贸易中的高级商品，颇受贵族们的青睐。《魏书·西域传》载，大月氏人来华传授玻璃制造技术，在平城试制成功后生产的玻璃器，光泽"美于西方来者"，玻璃自此在中国变得不再珍贵。考古发现也印证了相关记载。从大同出土的本土玻璃器看，其制造技术已达到很高的水准，这是引进和吸收外来技术的一个成功范例。

鎏金刻花银碗

北魏
高5cm　口径8.5cm
山西大同南郊出土

此银碗为波斯萨珊王朝饮食器。口沿下及上腹部各饰一周联珠纹。两圈联珠纹之间錾（zàn）刻麦穗纹，腹部用四组伸展出的"阿堪突斯"叶纹，将器腹壁分为四个部分，每组叶纹之间有一圆环，共四个圆环，每个环内均饰一人头像，四个头像各不相同。

联珠纹也是波斯萨珊王朝时期的典型纹样，在钱币、织锦、壁画、金银器皿、浮雕等上均有广泛应用。这件来自西方的文物是当时北魏王朝与西方文明交往的印证。

波斯联珠证交流

金镶嵌宝石戒指

北齐
长径2.89cm　短径2.59cm
山西太原王家峰村徐显秀墓出土

这款戒指以黄金为托，镶嵌蓝宝石，整体装饰富丽豪华，为中亚、西亚甚至更远地方的舶来品。从其磨损程度可以看出墓主人对这个外来之物的偏爱。

戒指造型为两个怪兽身体相连形成指环，头部与蘑菇形戒托相接。戒指盘座边缘由一个个小圆珠排成条带，围成一个圆圈，用以包围主题纹样，称之为联珠纹。最引人注目的是蓝宝石戒面上雕刻着的人物图案——他头戴高帽，脸庞较窄，深目高鼻，动作似在舞蹈或举行祭祀仪式，尤其是他双手所持的棍棒，透着一股神秘的气息，既像是代表权力的权杖，又像是与神灵沟通的法杖，可能与欧洲的英雄或神灵崇拜有关。

丝路往来驼上餐

骑驼陶俑

隋代
高45.5cm
山西太原沙沟村斛律彻墓出土

　　这两件骆驼陶俑大小、形制大体相同，略有差异。骑驼均高大健壮，昂首站立，张嘴嘶鸣。双峰之间，驮着巨大的皮囊，囊端装饰虎头图案。皮囊上均坐一人，头戴圆毡帽，身着圆领窄袖衫，左手紧握缰绳。其中一人右手握拳高举，拳心有孔，原来应该执有物件；另一人右手持饼，正往嘴里递送，吃得津津有味。

　　中世纪的中国具有超强的综合国力和丰富的物产，吸引了无数胡商千里迢迢来到中原。有"沙漠之舟"之称的骆驼成为"丝绸之路"当之无愧的象征。胡商以这种特殊的运载工具，背负宝石、香料、玛瑙而来，又满载丝绸、瓷器、茶叶而归，异域的礼俗、宗教和文化也随之传来，胡风礼俗、胡乐歌舞成为盛极一时的长安风尚。他们为东西方文化交流和贸易往来做出了特殊贡献，并播下了友谊火种。

虞弘墓石椁椁身

隋代
高217cm 长295cm 宽220cm
山西太原王郭村虞弘墓出土

异域奇风现华夏

　　虞弘墓发现于1999年,是我国第一座经过科学发掘、有准确纪年、有着完整中亚图像资料的墓葬,出土有墓志等各类随葬品,其中最重要的文物是一座仿木构汉白玉石椁(guǒ)。该石椁为三开间歇山顶建筑,由椁顶、椁身、底座三部分数十块构件组成,其上画面采用减地浅浮雕技法雕刻,施彩描金,金碧辉煌。

　　画面内容丰富多样,包括宴饮、乐舞、射猎、家居和行旅等:胡人男子跳胡腾舞,女子手持长帔,葡萄藤缠绕酒器,生动再现了商队世俗生活;骑象武士徒弓斗狮、骆驼武士空弦御敌的动态极具张力;还有对人身鹰足的祭司护卫祆教圣火坛、绶带鸟衔云、神马踏莲等场景的描绘,神秘主义氛围浓厚。这些画面具有浓厚的中亚和波斯风格,展现了墓主人不同寻常的外来文化背景,是北朝时期中外文化交流繁盛的历史见证。

民族熔炉

佛风遗韵

　　佛教是世界三大宗教之一，诞生于约公元前6世纪的古印度地区。两汉之际传入中国，到南北朝，随着多民族交往、交融和中外文化交流的加深，佛教文化迅速传播，隋唐时达到鼎盛。宋以后，佛教在印度渐趋衰落，却在中国广泛传播，与中国本土文化相互融合，逐渐中国化，自此，佛教文化全面融入了中华文化的思想体系。

　　早期，佛教雕塑艺术外来风格浓郁，到北朝至唐朝时期，民族风格日

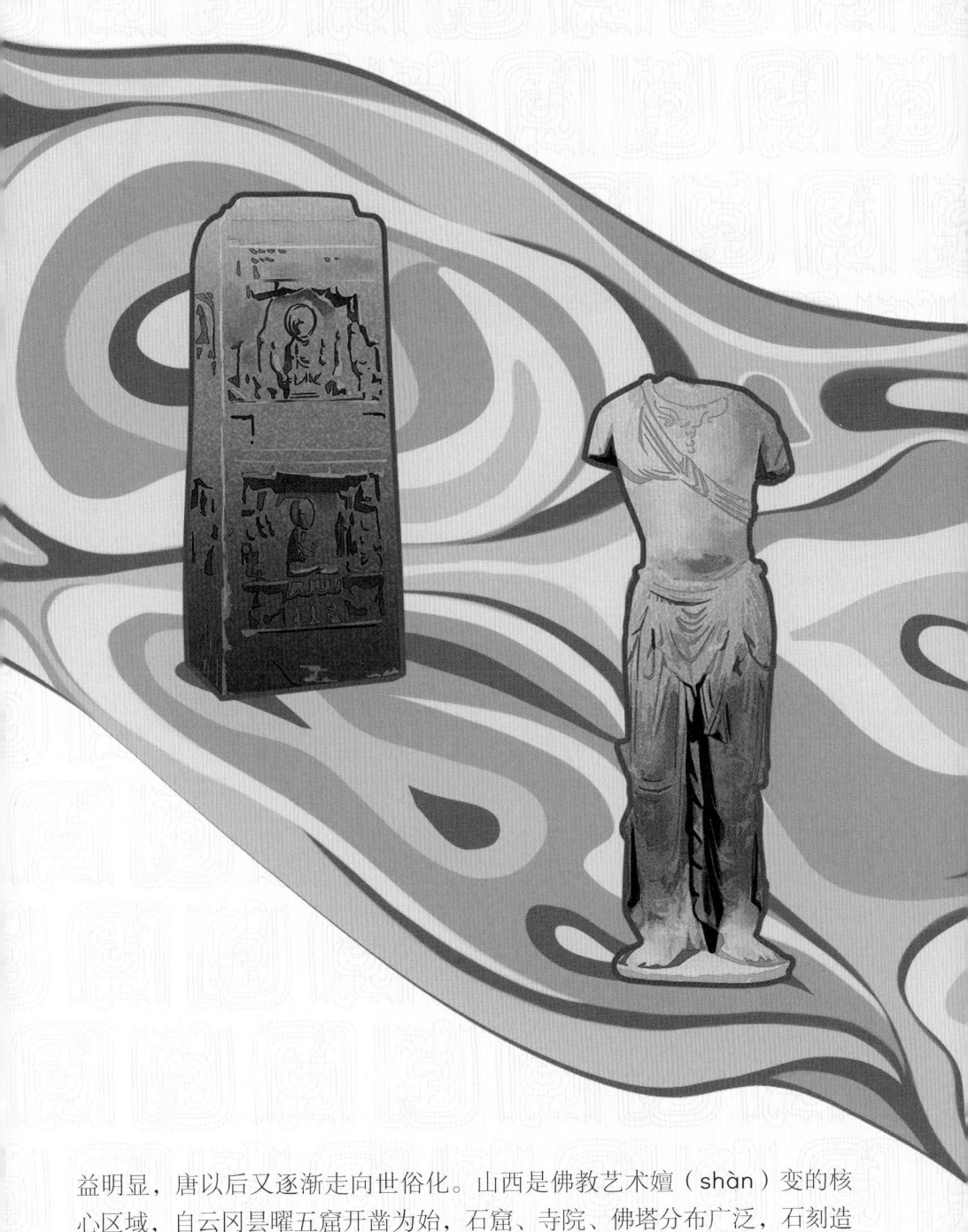

益明显，唐以后又逐渐走向世俗化。山西是佛教艺术嬗（shàn）变的核心区域，自云冈昙曜五窟开凿为始，石窟、寺院、佛塔分布广泛，石刻造像、壁画、彩塑异彩纷呈，山西更被誉为古代艺术的宝库。

第一单元
北朝风貌

南北朝时期，在统治者的推崇和社会各阶层的推动下，佛教获得了蓬勃的生机和迅速的发展，开窟造像蔚然成风。山西作为北朝统治的中心区域，至今仍存有石窟寺、摩崖造像等220余处。既有集国家之力开凿的大型石窟——云冈石窟，也有民间开凿的小型石窟和摩崖造像，基本勾勒出北朝佛教的发展面貌。

北朝早期佛像多为鼻梁高挺、薄衣贴体的外来风格。中晚期逐渐汉化，呈现出秀骨清像、褒衣博带的时代特征。佛教造像这一外来艺术经历了不断中国化的过程。

小知识

佛教东传

佛教相传由古印度迦毗（pí）罗卫国王子悉达多·乔达摩在约公元前6世纪创立。从公元前3世纪开始，佛教逐渐向境外传播，其在亚洲的传播大致分为两条主要路线：北向的"汉传佛教"和南向的"南传佛教"。汉传佛教以大乘佛教为主，广泛传播于中国、朝鲜半岛、日本等地；南传佛教以小乘佛教为主，主要传播于斯里兰卡、泰国、缅甸等东南亚国家。此后，佛教还传入西藏、青海、内蒙古等地区，形成以密教为主的"藏传佛教"。

> **北魏佛教造像特点**
>
> 　　北魏早期，佛教造像尚带有许多犍陀罗特征，身躯粗壮，鼻梁高挺，着袒右肩或通肩大衣，衣纹稠叠随身圆转。北魏晚期佛教造像一改早期的伟岸之势，和悦平易之感加强，面形消瘦，身材修长，呈现出清新典雅的"秀骨清像"。佛像褒衣博带，垂领广袖，宽大的服装将结跏趺（jiā fū）坐时置于腿上的脚全部遮掩。这种造像风格与北魏孝文帝推行的"汉化"改革息息相关。

左兴造观音立像

北魏
高19cm
山西太原征集

无惧无怖遂心愿

　　这尊观音立像的背光如一叶扁舟，线刻有火焰纹。观音头戴宝冠，面相长圆，身上披帛和下裙极为飘逸。观音双手分别施无畏印、与愿印，代表众生无惧无怖和心中所愿皆能实现的美好愿景。观音立于覆莲座上，座下设有四足方床。方床刻有"太和十九年"题记，标示了造像的铸造年代。

　　每个时代的艺术都是对当时社会文化的反映，这尊北魏时期的观音立像也是如此。北魏时期，佛教盛行，诞生了许多工艺精湛的佛造像。原本以中亚和古印度风格为主的佛造像在传入中国之后，被匠人们融入了中国元素，佛造像的本土化变革自此开始，充分展现了中华民族的创造力和融合力。

　　这尊观音像作为北魏时期佛教艺术成就的高度体现，是研究北魏佛教造像艺术的重要实物资料。

外域面容变清像

菩萨头像

北魏
宽13cm 高25cm 厚12cm
王纯杰先生捐赠

这尊菩萨头像曾流失海外，其原生地点为云冈石窟第七窟，属于北魏中期造像。此菩萨面容和善，眉眼细长，嘴角微翘，面含笑意，头戴宝冠，缯（zēng）带位于两侧结节处。

北魏时期，统治者集全国之力建造大型石窟寺，云冈石窟便是其中最典型的代表。

云冈石窟位于山西大同西郊，开凿于文成帝和平元年（460年），延续至孝明帝正光五年（524年），可分为早、中、晚三期，每个时期风格各有特色。早期石窟造像风格依然具有浓郁的西域特色，气势也更加磅礴；到了中期，造像更加精雕细琢，中国文化元素增多；晚期石窟人物形象清瘦俊美，是中国北方佛教艺术"秀骨清像"的源起。

云冈石窟是佛教东传中国后，历经北朝、隋、唐等朝代雕琢而成的具有皇家风范的佛教艺术宝库，是中外文化融合的历史丰碑。

交脚弥勒像

北魏
宽12cm　高21cm　厚8cm
大同博物馆移交

慈悲为怀未来佛

　　这是一尊交脚弥勒像。弥勒是梵文的音译，意思是"慈悲为怀"。他出生在古印度，是一等贵族，皈依佛门后，被释迦牟尼指定为佛的接班人，称为"未来佛"。弥勒信仰是围绕弥勒菩萨所产生的宗教信仰体系，从两晋时期开始流行于中国，至隋唐而不衰。

　　早期的弥勒造像多以交脚形象出现，这尊造像便是这一特点的体现。

　　该造像为砂石质。弥勒菩萨头戴高冠，双手交握于胸前，交脚坐于双头狮座上。背光为舟形并刻有火焰纹，背光两侧各有一胁侍合掌站立。狮座下为束腰须弥座，座上雕刻有香炉及两个跪拜供养人。雕像背面刻有四个供养人，手各持一莲蕾或正或背而立。虽然造像的细节部位已磨损不清，但仍可一窥其工艺的精致。

小知识：北魏佛教

　　北魏时期，佛教教义契合统治阶级稳定社会的政治需求，自帝王而下大力推崇，令"沙门敷导民俗"，孝文帝崇法更是深涉义理。统治者为推广佛教，推出了沙门不服兵役徭役、不纳税的政策，致使大量人口遁入沙门，一时佛寺林立，寺庙田产广布，对国家政治、经济产生不利影响。太武帝太延四年（438年）实行的"灭佛"活动，就与这些因素有关。

佛风遗韵

程哲碑

东魏
宽67cm 高120cm 厚26cm
山西长治东呈村（原袁家漏村）征集

造像碑是佛教造像与中国式碑刻结合的产物，兴盛于南北朝时期，一般高1～3米，由碑首、碑身和基座三部分组成。碑身刻有佛教造像和供养人的发愿文，常竖立在寺庙庭院、村庄入口或路边。

程哲碑由青石制成，呈长方形，碑首采用倭角设计，将直角变成圆角，整体造型简洁而庄重。碑的正面中部雕有一佛龛，佛龛两侧以阴线刻有脚踏莲台的胁侍菩萨，上部是衣袂飘舞的飞天，下部则为护法狮子和供养人。碑的背面顶部右侧题有"大魏天平元年次甲寅十一月庚辰朔三日壬午造讫"字样，下方刻有碑文31列，每列45字，详细记述了程氏家族的历史功绩。

碑刻文字体型较小，是北朝直笔隶意真书流派中的典型代表，文字书法用笔劲直，楷法劲整，为东魏书法之典型风格。

此碑是造像碑与墓志结合的产物，线刻部分雕琢精细，题记内容丰富，具有极高的艺术、书法及历史价值。

隶意真书青石刻

俊逸造像应运生

释迦七尊像

北齐

底长25cm 底宽16cm 高47.5cm

山西太原花塔村出土

  这尊造像堪称山西北齐佛造像代表作，采用砂石材质，整体为一佛二弟子二菩萨二螺髻的背屏式组合，通体彩绘并贴金，人物众多而形态各异。主尊佛像面相圆润，左手施与愿印，右手施无畏印，结跏趺（jiā fū）坐于重瓣仰莲台座之上，莲台前方有两个胡跪供养人。背屏外缘雕刻有衣袂飘飞的六身持物供养飞天，顶部则为佛塔。底座正面自外而内雕刻了力士、护法狮子和莲花化生童子，造像的背面及底座还彩绘了佛、弟子、菩萨、天王等形象。

  虽然稍有风化，但整体保存还算完整，造像上贴金、彩绘的技艺依然清晰可见，千年前的精湛工艺着实令人赞叹。

佛风遗韵

供养造像见虔诚

卫秦王造像碑

北周

宽9m　高130cm　厚42cm

山西运城（原解虞县）出土

　　此碑建造于北周，青石质的方柱体上四面雕有佛龛——一种小阁子，专用于盛放佛、菩萨、阿罗汉等佛教造像，也可盛放经文、舍利子等圣物。

　　碑的正面上、下部各开有一龛，龛内各雕一佛二弟子二菩萨二力士二护法狮子。上层龛下刻"卫秦王"等供养人姓名，下层龛下刻浅浮雕侍佛图及供养人姓名。碑的背面上部也开有一龛，内雕一佛二弟子二菩萨二力士二护法狮子，龛下刻六层侍佛图及供养人姓名。左、右侧面各开上、下两龛，上龛内雕一佛二弟子二菩萨二力士，下龛内雕一佛二弟子二菩萨二力士二护法狮子。左右两侧龛下均刻侍佛图及供养人姓名。

　　这尊造像碑详细记录了每一尊佛像各自的供养人，透过这精细的雕刻，似乎能看到当时人们对信仰的虔诚。

涅水悠悠映佛光

南涅水造像塔（部分）

北朝至宋
山西长治沁县南涅水村出土

  1957年秋，在南涅水村发现了一大批窖藏石刻，被命名为"南涅水石刻"。这批石刻历史悠久，内容丰富，包含单体造像、造像塔和造像碑800余件/组，年代为北魏永平三年（510年）至北宋天圣九年（1031年），反映了不同历史时期的宗教艺术特色。

  造像塔是北朝时期民间兴起的佛教礼拜供养形式。南涅水造像塔由大小不同的单层四面石刻逐层垒积而成，石塔每一级四面开龛，顶部原安放塔刹。发愿文中自名为"图塔""高举""石级造像"等，是由民间社邑捐资建造而成。造像题材丰富，有佛本生、佛传故事和阿弥陀佛、弥勒菩萨、二佛并坐及千佛等。造像主除了虔诚的佛教徒以外，还有地方官吏和普通百姓，他们对于和平安康的渴望，都通过这些造像传递出来。

  南涅水石刻的出土不仅为研究北魏至唐宋时期的佛教传播提供了翔实的资料，是研究北朝民间佛教信仰的珍贵资料，也为我国美术雕塑史增添实物例证，是中华民族优秀历史文化的又一块瑰宝。

第二单元
大唐气度

隋唐时期，国家安定，社会开放，文化繁荣，佛教发展进入全盛时期。禅宗的建立，标志着佛教中国化进程的完成，成为中华文化的一部分。唐代佛教艺术博采众长、融汇中西、独具特色。佛教造像一改汉以来的简约，形成了丰腴健美、雍容华贵、优雅自然的时代风格，从中我们能够领略到气势恢宏的大唐气度，感悟到海纳百川、开放进取的大唐精神。

> **小知识：唐代佛教造像特点**
>
> 　　唐代佛教造像流行释迦、弥勒、阿弥陀佛、坐姿菩萨像增多。佛造像多水波纹发，面相浑圆丰满，颈部刻三道线，宽肩细腰，胸部及躯体丰满健美，身披袒右式偏衫或双领下垂式大衣，大衣紧裹双足，呈"曹衣出水"之式。菩萨束高髻，眉眼细长，面相丰满圆润。宽肩、细腰、窄臀，身姿修长，婀娜多姿。装束飘逸，下裙贴体，衣纹雕成"U"字形，表现出柔和的质地感。这一时期佛教造像既能为僧徒所供养，又受到世俗群众的礼拜和崇敬。

婀娜丰腴显唐风

菩萨立像

唐代
宽52cm　高112cm　厚40cm
山西晋中太谷白城村光化寺征集

　　这尊菩萨立像为砂石质。菩萨的身躯微微向右倾斜，左腿直立，右腿微屈，整体呈现出优美的"S"形曲线。菩萨赤足立于石座之上，肌体丰腴柔和，富有曲线美，尽显高贵。菩萨颈部佩戴串珠如意形项饰，肩部络腋（类似披帛的饰件）成两股斜披于胸前，下着裙，衣纹褶皱繁复流动，似濡湿般贴于身躯。

　　尽管这尊立像的头部和双臂均已残失，但依然保留了其独特的艺术魅力和历史价值。菩萨的肌体线条流畅，充满了曲线美，配饰华美，衣纹处理极为细腻，这些无一不彰显出唐代兼容并蓄、开放进取的时代气息，堪称唐代雕塑的经典之作。从这尊立像上，我们能瞥见盛唐时代古人虔诚、纯净的精神世界。

佛风遗韵

第三单元
宋明世相

佛教发展到宋代，各宗派已走向融通。佛教与儒学、道教彼此渗透补充，不断走向圆融合一，形成了宋明理学。佛教成为中国传统文化的重要组成部分，汇入社会生活，融入民间习俗。佛教传播载体多样，汉文佛经刊印蔚然成风。佛教艺术表现形式更加丰富，石刻造像日益衰退，彩塑、木雕、金铜造像兴盛，寺院壁画、水陆画流行。庄严妙相绘入文人画卷，盛世梵音化为人间情怀。

青石镌成金彩佛

观音菩萨立像
辽代
宽46cm　高177cm　厚43cm
山西朔州崇福寺征集

这尊立像以青石为材质，尽管身上的彩绘贴金多有剥落，但仍可以看出曾经的华丽与精致。菩萨头戴华丽的宝冠，冠上缀有如意莲花，束发隐于冠后。菩萨前额宽广，眉间有一点白毫，眉细长，双目直视前方，神态恬静安详，颈部佩戴璎珞，身着帔帛，广袖自然下垂，线条流畅，给人以优雅的感觉。菩萨双手合托着莲花，赤足立于双层莲座之上，姿态端庄稳重。造像背部刻有"天庆二年（1112年）"的题记，为这尊立像提供了明确的历史背景和年代。1112年为北宋政和二年，当时由宋徽宗执政。"天庆"是辽国君主辽天祚帝耶律延禧的年号。辽国是契丹族建立的中国北方少数民族政权。辽国上层阶级奉行佛教，其造像风格既吸收了中原文化，又融合了游牧民族性格及草原文化的浑朴作风与审美倾向，展现出多元性和包容性，为后来中国佛教艺术的发展提供了重要启发。

观音菩萨像屏（局部）

北宋
宽65cm　高75cm　厚15cm
山西博物院藏

经变故事度众生

宋代经济繁荣，政治上强调尚文轻武，思想上注重儒家和理学思想的传承和发展，这些都在一定程度上影响了佛教造像艺术的发展。相比于隋、唐，宋代的造像更加端庄大方、平易近人，着装也更偏向悠然自适的人间装束。

此像屏为宋代造像，是一组高浮雕经变故事图。像屏为砂石质方形石板，正中央雕刻着观音菩萨。菩萨头部束髻，上缀其变化身，面相方圆，眉目清晰，鼻翼宽大。菩萨左手缺失，右手持有柳枝，身上佩戴璎珞，腹部缀有佛教观法"严身观"，双足从裙角露出，立于莲座之上，整体姿态端庄。在像屏的两侧，雕刻有八幅画面，描绘了观音菩萨施行救八难的情景。旁边刻有榜题，内容与《观世音菩萨普门品》中经文一致。

这组高浮雕经变故事图雕刻细致，不仅技艺精湛，更蕴含着深厚的佛教文化内涵，是宋代佛教艺术留下的奇葩。

小知识：宋代佛教造像特点

宋以后，开窟造像之风逐渐衰落，佛教造像更加世俗化。造像材质采用木、泥、石、瓷和铜铁等。佛像面相多为方圆或长圆，螺发，常饰有髻珠，与世俗人物的面相接近。菩萨造像流行观音、文殊、普贤、地藏菩萨等多种题材。密教图像的传播，也进一步丰富了佛教雕塑的形象与技艺。

佛风遗韵　177

《大般若波罗蜜多经》卷(局部)

北宋
纵31.5cm 每纸横48.2cm
山西晋城陵川段振华捐赠

"大般若波罗蜜多经"又名"开宝藏",为大乘佛教经典。"般若波罗蜜多"意为"智慧到彼岸"。这是我国第一部刻本大藏经,它不仅影响了后来南、北方系统大藏经的雕印,而且对日本、高丽佛籍雕印产生了深远影响。

本卷是第二百六十卷"秋字号"经卷,全卷二十五纸。卷尾印有经名"大般若波罗蜜多经卷第二百六"和雕版时间"大宋开宝五年(972年)壬申岁奉敕雕造",下方钤有"陆永印"小长方墨印。

汉文佛经是研究佛教思想文化的重要资料。早期汉文佛经以人工手写的方式传播,非常耗时耗力,直到唐代出现刻版印刷,佛经才逐渐从写本时代过渡到刊本时代。

最早雕印出来的系统佛经是北宋开宝四年(971年)至太平兴国八年(983年)皇帝敕益州雕刻的大藏经,因始刻于开宝时期,故名"开宝藏"。

宋代刊本『开宝藏』

小知识：宝宁寺水陆画

　　水陆画是在每年农历四月初八至初十做水陆道场时，悬挂于庙堂的宗教画，道场完毕之后收起。水陆道场，是中国佛教经忏法事中最隆重的一种。在现存的明清水陆画中，宝宁寺水陆画称得上是出类拔萃。宝宁寺水陆画共计139幅，绢本，以淡红和黄色花绫装裱。其题材丰富，包含佛、菩萨、明王、罗汉、护法神祇、天仙、往古人物及孤魂等众。根据清代康熙、嘉庆年间两次重裱题记所载，可知其为明朝天顺年间宫廷敕赐，用于镇边，以望减少战乱，保边安宁。

庙堂高悬保安宁

宝宁寺水陆画
——天藏菩萨

明代
纵120cm　横61.5cm
山西朔州右玉宝宁寺征集

　　整堂画作无论是笔法、着色、制式及规模，均体现了高超的工艺和画技。尤其在宗教人物之外，真实地再现了明代社会生活的风俗百态，堪称一座美术史研究的宝库。

佛风遗韵　179

戏曲故乡

  中国戏曲是由歌舞、说唱和滑稽戏等表演形式综合而成的舞台艺术，是中华优秀传统文化的重要组成部分。它以独特的艺术形式，展演中国故事，跻身世界舞台，与古希腊戏剧、印度梵剧一同成为世界古代文明中的艺术瑰宝。

  戏曲艺术最早可以追溯至先秦祭祀歌舞，经千百年的发展融合，至宋元时期形成完整的舞台艺术。特别是宋金时期的杂剧，从内容到形式为元杂剧奠定了基础。元杂剧的繁荣标志着中国戏曲艺术进入成熟阶段。

  山西作为中国戏曲的发源地之一，艺术传承经久不衰，精美文物层出不穷，神庙戏台星罗棋布，剧作名家灿若繁星，经典剧目千古传颂，被誉为"中国戏曲艺术故乡"。

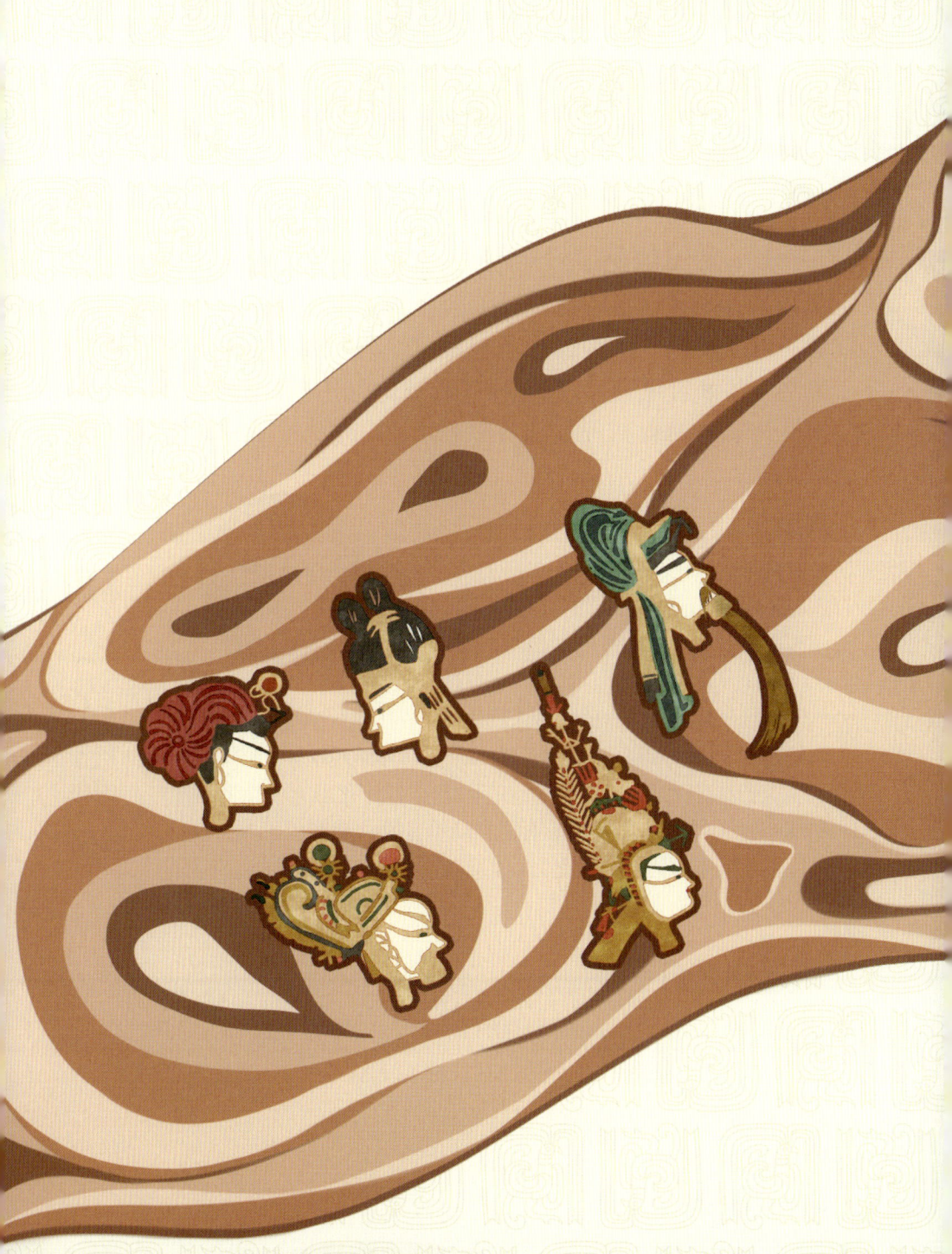

第一单元
戏曲先声

从先秦到隋唐五代，构成戏曲的各种艺术因素得到了长足发展并逐步融合。在此期间，演出形式主要包括乐舞百戏、说唱和假面装扮等，其既可单独呈现，又可相互结合，它们带有某些人物装扮或简单的故事情节，已蕴含一些戏剧成分，但尚未成为真正的戏剧。可将其称为泛戏剧形态，是中国戏曲艺术的先声。

陶埙

新石器时代
高4cm 直径4cm
山西运城万荣荆村遗址出土

立秋之音色幽深

陶埙是我国最古老的吹奏乐器之一，在历史的演进中，多数陶乐器被金属、木制品取代，只有埙一直保留到现在。

这组陶埙有单孔、双孔、三孔之分，三孔埙有一个吹孔和两个音孔，可以发出高低不同的简单音阶，其音色悲戚、哀婉，被古人形容为"立秋之音"。

小知识：祭祀歌舞

古代先民的祭祀歌舞，主要以娱神为目的，用象征性的神态和动作与神灵取得心灵的沟通，期盼泽润万物。春秋战国以后，乐舞不再受礼制的约束，其娱乐功能逐渐显现。后世的戏曲表演场所多设在祠庙之中，正是这种娱神功能的承袭。

骑马击鼓乐俑

北齐
高31.3cm
山西太原王郭村娄睿墓出土

骑马击鼓乐融融

北朝由北方游牧民族建立,是中国历史上民族大迁徙、大融合的时期,激烈的文化交流为音乐文化的发展提供了土壤。北朝统治者一边积极吸收汉文化——其中包括以编钟、编磬及萧、鼓、琴、瑟等乐器为主的雅乐形式,一边坚持保留本民族音乐特色,从而形成了独特的音乐风格。

从这件骑马击鼓乐俑身上,我们可以看到当时民族文化交融、交流的影子。乐俑头戴翻耳扇形的朱红色长裙风帽,面部丰满,脸型长圆,身穿深灰色圆领左衽窄袖的内衣,外披乳白色短襦(rú),短襦只到膝盖。腰间系着黑色皮带,下身穿深灰色窄腿裤,脚穿镶白边的黑靴。乐俑的右肩上斜挂着红、黑色一大一小两只鼓,双手举起,握紧拳头,虎口朝上握着鼓槌(木质鼓槌因为年代久远,已经腐朽)。依稀能从乐俑的穿着打扮辨认出游牧民族的身份。

小知识:乐舞百戏

乐舞是融诗歌、舞蹈、音乐演奏为一体的艺术表演形式;百戏是古代民间表演艺术的总称,以杂技为主。乐舞百戏继承了上古雅乐的娱神功能,同时表现出鲜明的娱人特征。秦汉以来,乐舞百戏成为社会流行的娱乐形式。至魏晋南北朝,多民族融合,多元文化汇聚,更加丰富了它的内涵。

第二单元
搬演人生

宋金时期,城乡经济的发展和社会的进步,促进了多种表演艺术的融合,为戏曲艺术的形成创造了有利条件。这一时期,戏曲表演形式多样,内容庞杂,有说白形式的说唱表演,有歌舞掺杂的散乐演出,有迎神赛会的社火表演,有故事演绎的角色呈现。宋元杂剧,一脉相承,为中国戏曲的发展奠定了坚实基础。至明清时期,传奇和地方戏兴起,迎来戏曲发展的鼎盛局面。

《河中府万泉县新建后土圣母庙记》碑

北宋
宽76cm 高258cm
山西运城万荣桥上村征集

　　这块石碑原立于桥上村后土庙中，碑首为螭形，碑文记述了北宋天禧四年（1020年）新建后土圣母庙及修舞亭之事。

　　此处碑文中的"舞亭"很可能是演戏的戏台。戏台的发展与戏曲艺术的兴起和演变密切相关，经历了露台、舞亭到成熟的戏台三个阶段。到元代，戏台分前、后场已是非常普遍的现象，这是戏曲表演成熟的重要标志，真正的戏台形成于宋。宋金时期，山西的市肆和乡村舞台遍布，商业演出十分活跃，已经成为全国戏曲活动的中心。

　　值得注意的是，碑文中的年代是北宋初年，而直到北宋末年宋杂剧才正式出现，因此这个舞亭也可能是单纯歌舞的亭台。

亭台楼阁百态生

散乐砖雕：腰鼓色、觱篥色、舞伎、横笛色、大鼓色

金代
宽19.5cm　高40cm　厚6.5cm
山西临汾襄汾荆村沟金墓出土

晋南伎乐浮砖墙

　　在山西的金代墓室中，戏曲砖雕既是墓室装饰，又是反映墓主人生前生活的重要内容，其中有很多表现音乐舞蹈的"伎乐俑"。在这些砖雕组合中，往往都配有一件或几件舞蹈砖雕，演奏的目的在于伴奏，伴着音乐起舞的舞者才是演出的主角。

　　下面的这组砖雕以舞伎为中心，向左依次是觱篥（bì lì）色、腰鼓色，向右依次为横笛色、大鼓色。他们形态各异，专注地演奏着各自负责的乐器：既有起带领作用的大鼓，声音清脆的吹管乐器觱篥，也有民俗乐器腰鼓，以及有着7000多年历史、演奏中必不可少的乐器横笛。

　　下面从左到右出场的乐工和舞者：

　　鼓手头戴簪花幞（fú）头，肩系帛带，挎腰鼓。左手扶一侧鼓面，右手击打另一侧鼓面。腰鼓系于腰间，便于表演者在演奏的同时起舞。

　　觱篥表演者头戴簪花幞头，身穿宽袖长袍，腰束带。双手扶觱篥，正在吹奏。

　　舞伎头戴簪花幞头，上身着紧身衣，下着长裙，腰系革带，上悬銮铃，挥动双臂，正在翩翩起舞。

　　横笛表演者为一名长髯飘飘的老者，头戴簪花幞头，身穿广袖长袍，腰束带，手持横笛，鼓动腰帮，正在吹奏。

　　圆形大鼓置于鼓架上，鼓手头戴簪花幞头，双手持槌，一手敲击，一手扬起，双腿微屈，似在蓄力以击出更响的鼓音。

晋南地区经济发达，文化艺术繁荣，素有"歌舞之乡"的美誉，金墓中大量出土的乐舞文物恰恰证明了这一点。

社火砖雕：舞童

金代
宽28cm　高28cm　厚4.5cm
山西临汾侯马大李金墓出土

石刻童舞现天真

宋金时期，儿童乐舞很受欢迎，这组砖雕便是对这一时代特征的记录，其形象生动地记录下了垂髫（tiáo）儿童的活泼可爱。

该组砖雕一共有六幅，每一幅都被施以白、红两色彩绘，壶门形边框内有一童子。童子们有的梳总角发，有的梳双丫髻，上身着对襟短袄，下身着肥腿长裤，神态、动作各异。

他们多数手持槊（shuò）枪，或一脚着地，一脚抬起，大步前行；或枪身掖至背后，面带微笑，双腿交叉似表演状；或身披彩帛，双手持枪；或浑身有力，敲锣引舞……

小知识：散乐社火

　　宋元时期，戏曲处于以杂剧为主体而吸收融合各种表演艺术形式的阶段。民间流行的散乐、社火、竹马等表演形式，多姿多彩，为戏曲的繁荣提供了丰厚的养分。散乐是一种音乐与舞蹈相结合的表演艺术形式。社火是流行于民间的喜庆娱乐表演，无需固定场地，包括在祭祀场合或节日里的各种杂戏表演。竹马戏是民间纸扎工艺与歌舞相结合的表演形式，表演者多为少年儿童。

侯马董明墓墓室北壁

侯马董明墓戏台及杂剧俑

金代
杂剧俑高20～22cm
山西临汾侯马董明墓出土

　　侯马董明墓戏台及杂剧俑位于墓室北壁上部。戏台为单檐歇山顶，设计简洁而精巧。在戏台上方，摆放着五个彩色戏俑，分别为装孤色、副末色、末泥色、装旦色和副净色。

　　早期杂剧多以副末色和副净色为主演，以滑稽调笑为主要内容，但在这方戏台上，末泥色才是主角，显示出中国戏曲艺术正逐步走向成熟。

戏俑角色各不同

角色戏俑

宋金时期，戏曲艺术开始在山西南部的市肆和乡村蓬勃兴起，商业演出广泛流行。演员开始划分行当，出现副净、副末、装旦、装孤、末泥等角色，各自也有了相对稳定的服饰和装扮，乐队人数和乐器种类也逐渐固定下来，到了元代，戏曲表演在角色搭配、服装道具、乐器伴奏、剧目曲牌等方面更为成熟。并向更加复杂细腻的方向发展，戏曲作为一门崭新的艺术门类，登上中国古代表演艺术的舞台。

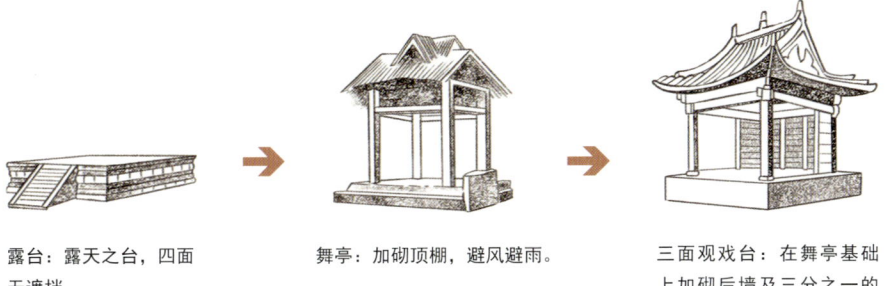

露台：露天之台，四面无遮挡。

舞亭：加砌顶棚，避风避雨。

三面观戏台：在舞亭基础上加砌后墙及三分之一的山墙。

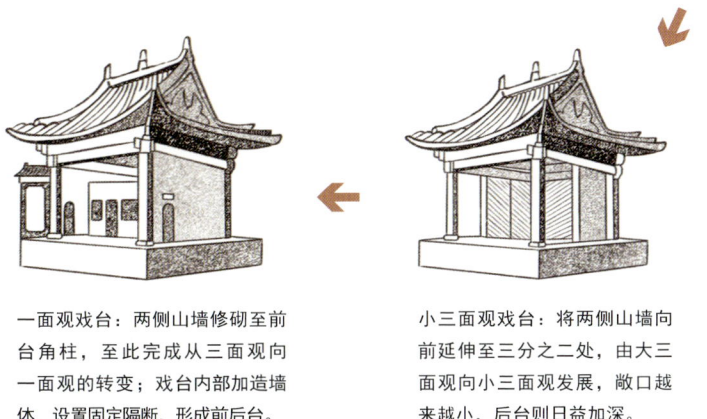

一面观戏台：两侧山墙修砌至前台角柱，至此完成从三面观向一面观的转变；戏台内部加造墙体，设置固定隔断，形成前后台。

小三面观戏台：将两侧山墙向前延伸至三分之二处，由大三面观向小三面观发展，敞口越来越小，后台则日益加深。

山西古戏台演变图

第三单元
梆音彻响

明末清初，梆子戏兴起。梆子腔是对一种戏曲声腔系统的总称，因以硬木梆子击节而得名，特点为唱腔高亢激越。随着山陕梆子在山西本土的流传，逐步衍化出同根异枝、一脉相承的山西四大梆子——蒲州梆子、北路梆子，中路梆子、上党梆子。"音随地改、音随地扩"，四大梆子和各具特色的地方小剧种，百花齐放、经久不衰、历久弥新。

伴奏乐器一组：唢呐、二胡、紫檀鼓、锣、堂鼓、梆子

征集

这是山西民乐会使用到的部分乐器。山西民间乐器极为丰富，它们分工不同，各有特色。

紫檀鼓、锣、堂鼓、梆子都属于打击乐器，一般在吹打乐、地方戏曲、曲艺等演奏中作伴奏。锣的种类十分多，其中马锣、疙瘩锣更是山西特有的乐器。锣鼓是山西最普及的乐器，时至今日，山西不少村落都还拥有一支自己的锣鼓队。

晋乐声声撼天地

二胡、唢呐属于吹拉乐器，其中唢呐是非物质文化遗产晋北鼓吹中的主角之一。晋北鼓吹以唢呐、管子为主奏乐器，再辅之以鼓、锣等烘托气氛，主副互为映衬，整体气势恢宏。

这些乐器共同构成了山西民间音乐的独特风貌，不仅在地方文化中扮演着重要角色，也是中国传统文化的宝贵组成部分。

锣

二胡、唢呐

紫檀鼓

梆子、堂鼓

醉打金枝闹皮影

皮影《打金枝》

清代
山西博物院藏

　　皮影戏，又称影子戏或灯影戏，是中国民间古老的传统艺术。演出时，表演艺人将兽皮或纸板制成的人物剪影投射到白幕布上，配以唱腔、念白及乐器伴奏进行表演。山西皮影戏兴起于清代，有着鲜明的地域特色，分为南北两路，是深受广大人民群众喜爱的传统艺术之一。

　　《打金枝》是粤剧经典曲目，又名《郭子仪祝寿》，这个故事经常被运用到传统皮影戏中。故事讲的是唐朝名将郭子仪的儿子郭暧在家宴后，借酒壮胆而痛打老婆升平公主的故事。

　　古时候讲究长幼尊卑，比如媳妇见了公婆应当行大礼，但公主是皇帝女儿，是君，公婆虽是长辈，但也是臣，所以郭子仪夫妇应该反过来要向

公主下跪。郭暧对此十分不满,平日里他不敢对公主造次,所以才会有在家宴上打公主的故事。公主被打之后,立即回到娘家皇宫里找代宗皇帝哭诉,郭子仪也连忙把儿子捆起来送到皇宫请罪。最后,在皇帝和郭子仪的调停下,夫妻俩才和好如初。

这个故事用皮影的形式表现出来,成为当时人们茶余饭后的笑谈。

天下晋商

  通常意义上的晋商，是指明清时期的山西商人，与潮商、徽商，并称为中国历史上的"三大商帮"。明初，设九边重镇，行开中盐法，晋商纳粮输盐，逐渐崛起。其后扩大经营，商履遍及长城内外、大江南北。清代，晋商开辟"万里茶道"，贸易走向国际化。道光年间，创办票号，汇通天下，执金融之牛耳近百年。

  晋商纵横商界500年，留下了丰厚的文化遗产，更留下了取之不竭、用之不尽的精神财富。

第一单元
渊 源

明初,山西商人以北部边塞巨大军需和"开中制"的推行为契机,经营粮盐,艰辛创业。两三百年间,晋商以义取利,开拓进取,足迹遍及全国,称富海内,名闻天下。清代,随着中外边贸的兴起,晋商以茶叶为媒介,建立起贯通中国南北、横跨欧亚大陆的万里国际商道,促进了沿线经济的发展和城市的繁荣,成为东西方文明交流互鉴的纽带。

小知识:开中制

"国家之储,北边是重。"明朝建立后,百废待兴,国力维艰,战事频繁,军需紧缺。为固疆守土,在长城沿线设九边重镇;为筹措军饷,由山西行省率先倡议,施行开中盐法,并推行全国;为充裕边镇,开边贸互市。山西商人抓住机遇,由此而兴。

"开中制"是明代盐法,也称"中盐法"是洪武初年,为供给北部边塞军事消费而采取的制度。商人把粮草交到指定的边关粮仓,边仓收到粮草后,发放仓钞,商人持仓钞到指定的都转运盐使司或盐课提举司换取盐引,凭引到盐场领盐,运到政府规定的行盐地销售。

铁矿如山盐如雪

铁锅

金代至元代

高18cm 口径32cm

山西，北接蒙古高原，南通中原腹地，大同、偏头关镇在北，延绥、宁夏镇在西北，南北军民物资交流转输必经晋地。其地理位置独特，自古以来铁资源丰富，是我国著名的"煤铁之乡"。境内粮棉盐铁等资源丰富，冶铁业、锻造业兴盛，商贸经济活跃。优越的地理区位和物质资源优势，为晋商的发展提供了有利条件。

明洪武二十八年（1395年），开放民营冶铁，山西境内遍布炉火，民营冶铁业得到大力发展。太原、大同、阳城、盂县等地普遍采用焦炭炼铁，冶铁生产技术及铸造工艺、种类等都大幅提升。特别是潞锅——明代由山西潞州商人推广的一种铁锅，物美价廉，深受北方少数民族喜爱，是明代北方边镇马市的重要贸易物资。

山西除了铁资源，盐资源也极为丰富，尤其以运城盐池最为著名。它位于晋南盆地，是山西省一道独特的人文盐田景观。

盐和铁都是我们生活和生产中不可或缺的物资，对社会经济的发展有着深远影响。我国对于盐铁资源的开采，也早已从传统模式转变为更加高效、环保的方式。

大盛魁文化博物馆

小知识：商履匆匆

明中期，"纳粮开中"转为"纳银开中"，以往活跃在北方边镇的晋商，贸易日趋多元，商路迈向全国。

清代，中俄陆路通商始自《尼布楚条约》（1689年）之后。以恰克图为中心的中俄贸易市场开通，晋商成为最早入驻的商帮。"所有恰克图贸易商民皆晋省人"，经营范围包括烟、茶、缎、布、杂货、毛皮等。19世纪中叶以前，中俄贸易几乎全部集中于此。

在对外贸易中，晋商发现了茶叶的巨大商机，将视线转向中国南方的产茶地，创立产、制、运、销一体化的茶叶经营模式，开辟了"万里茶道"——是继丝绸之路后横贯亚欧大陆的以茶叶为主要贸易商品的国际贸易通道，促进了沿线民族大融合，推动了中外贸易大发展，也带动了东西方文化的大交流。

随着晋商脚步的远行，其商号也跟着一起声名远播，著名的商号如"大盛魁""复盛公""长裕川"等，都曾享誉四方。

例如：大盛魁，是清代晋商在内蒙古归化城（今呼和浩特市）的商号。外号"半个归化城"，深入农村牧区开展流动贸易，后逐渐发展成拥有巨额资本的商号。大盛魁在多省区广设分号，极盛时达80余家，拥有骆驼2万多峰，经商足迹遍及中国及俄罗斯和中亚诸国。

第二单元
辉 煌

　　道光初年,晋商在平遥创立中国历史上第一家票号,融合了商业资本和金融资本的票号由此大兴,晋商走向辉煌。山西票号遍布国内主要商业市镇,业务远及海外。山西商人信用益彰,金融汇兑四通八达,一纸红票和钱贴汇通天下。洋务运动后,晋商兴办近代工业,走上实业救国之路。

"日昇昌记"匾

> **小知识:肇创票号**
> 　　清道光三年(1823年),雷履泰在平遥"西裕成"颜料庄的基础上,改组创办了"日昇昌"票号。此前,国内虽有当铺、印局、账局等具有金融性质的机构,但无法满足资本调剂和汇兑等需求。日昇昌的创立,标志着中国历史上有了第一家专营汇兑和存放款业务的金融机构。

天下晋商　199

晋商心中有公平

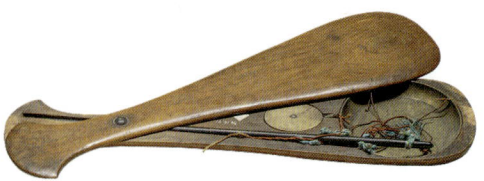

小秤

天平

小秤、天平

清代
小秤，长49.5cm　宽13.8cm
天平，宽65cm　高82.5cm

　　小称也叫戥（děng）子，学名戥称，是旧时主要用来称量金、银、贵重药品和香料的精密衡器，以克为单位。
　　戥子杆是戥子的关键部件，其选材多种多样，象牙、纯黑乌木、青铜、动物硬骨等，均可作为原材料。明清时代，随着工农业及商业的发展和生产力的提高，戥子的制造、使用以及管理，已达到一个非常完备的水平。
　　天平是用来称量物体重量的工具，在古代又被称为"权衡"，代表着公平、公正。不管是在生活中还是商业往来上，天平都扮演着重要角色。
　　这件天平主要由立柱、横梁、吊挂系统和底座组成。立柱垂直固定在底座上，用以支撑横梁。吊挂系统挂于横梁，包括挂盘架和秤盘。两边秤盘上分别放置砝码和被称物，以测得重量。

钱帖铜印版

清代

纵17cm 横9cm

　　钱帖，又称钱票，即去钱庄取款的凭证，是一种民间发行的代用货币。在一些特殊情况下，比如正式货币流通不便或不足时，钱帖可以代替货币进行交易。

　　这枚铜印版钱帖是用来印制钱帖的，长方形，顶端两侧抹角，顶端边缘饰福、禄、寿三星，两侧边缘饰有八仙人物，底端饰两童子。内缘用楷书镌刻《兰亭集序》及"生意春前草，财源雨后花"两句吉语。中心为钱帖的主要部分，上部有一长方形孔，孔下栏面上于花枝叶蔓中阳刻楷书"谨防假票"，栏下铸阳文"凭帖取钱整""年月日票""字号"。

　　钱帖的产生和发展，既是传统时期商品经济发展的必然结果，又是商业信用发展到一定程度的内在要求，是对当时社会经济情况的一种反映。

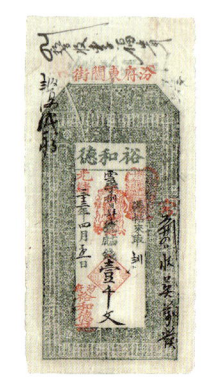

一纸钱帖诺千金

裕和德钱庄钱帖

清代

纵22cm　横10.2cm

　　此钱帖为钱庄取款凭证。钱帖题头红字为"汾府东关街",分上下两个部分,上为梯形蓝彩印人物亭园图案,下为长方形,蓝色外边框上印《朱子家训》,内边框印蓝彩人物故事图,图案四角有公泰记,中心为钱帖正文,上印"裕和德",下印"凭帖来取云字捌佰肆壹号十四底钱壹千文,光绪三十三年四月□日",编号上加盖一人形戳记,钱数上盖有"裕和德记"戳印。右上角有一人形戳印,左下角印"汾府裕和德记",背面红彩印"天赐"两字。

　　由于没有官方授权和政府担保,钱帖的发行和流通完全依赖商号自身的信用,因而,商号信用的高低,直接关乎钱帖的存废。信用高的商号发行的钱帖,更受市场的欢迎;反之,失信商号发行的钱帖,则会被市场淘汰,成为一张废纸。

> **小知识:票号**
>
> 　　票号解决了现银运送的困难,加速了资金周转,促进了商业、金融业的繁荣和经济的发展。晋商票号总号多设在山西平遥、祁县、太谷三地,分号设置前期以北方为重点,后期海陆并重,形成京、津、沪、汉四大中心,汇兑业务遍及边疆和沿海商埠。

规范经营持执照

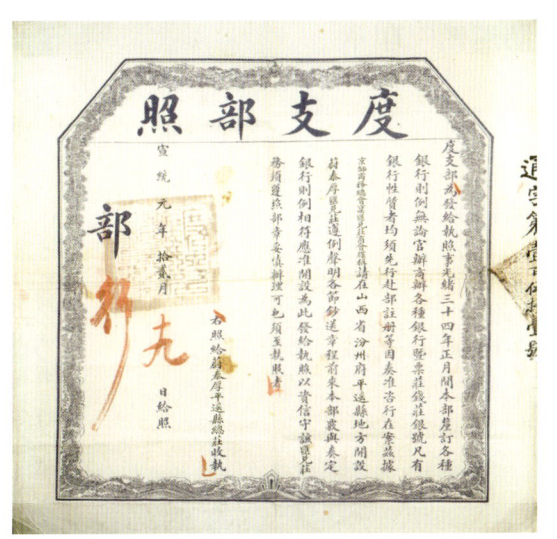

平遥蔚泰厚汇兑庄执照

清代

纵57cm　横48.6cm

  这是一张我国早期的营业执照，是行商规范的体现之一，晋商的创新与才智于这一张薄纸上浮现。

  此执照属于"蔚"字五联号之一的"蔚泰厚"票号。纸质，单面印，边框为蓝色海水龙图案。题头为"度支部照"，内容为竖版，从右至左排版，大意是"京师商务总会禀汇兑庄商会牒称，请在山西省汾州府平遥县地方开设蔚泰厚汇兑庄……本部刻与奏定银行则例相符，应准开设，为此发给执照，以资信守。宣统元年十二月十九日给照"。上钤"度支部印"满汉阳文印，后为"部行"，"行"字朱批。

  "蔚"字五联号是蔚泰厚、蔚丰厚、蔚盛长、新泰厚、天成亨五家票号的合称。清道光六年（1826年），山西介休侯氏聘请毛鸿翙（huì）为总经理，将其在平遥开办的蔚泰厚绸缎庄改组为票号，随后成立其他四家票号。

  "蔚"字五联号位居山西十大票号的前茅，五家联号独立经营而相互竞争，促进了票号管理的创新与发展。

天下晋商　203

平遥蔚盛长票号"蔚盛长防遗图"印章

清代
长5.8cm　宽1.7cm　高4.3cm

　　蔚盛长是清朝时期著名的票号之一，前身是设于平遥城内的绸缎庄，为适应时代的发展，后改组为票号，在中国票号发展史上占有重要地位。

　　这枚印章为牛角质，器呈不规则扁长方件，上窄下宽，印面刻"道口蔚盛长防遗图，此票务要蔚盛长亲收银两，倘途中遗失，别人拾得作为废纸"。

　　此印章类似古代的花押。正如许多文人墨客都有自己独特的花押印一样，各票号也有自己的印章。银票上若盖上此印章，便能有效防止银票被造假盗用。晋商票号，"认票不认人，见票即付"，兑付后"汇票即焚"，防伪手段主要有特制纸张、水印技术、专人书写、微雕印章、汉字密押等，这一系列的"规章制度"是晋商智慧与独特魅力的体现。

专属印记防盗用

印面　　印文

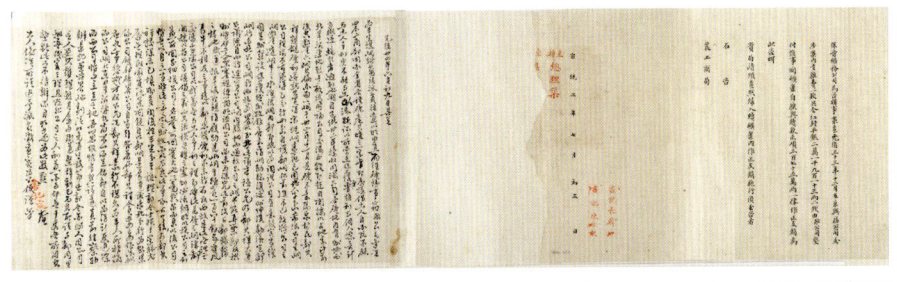

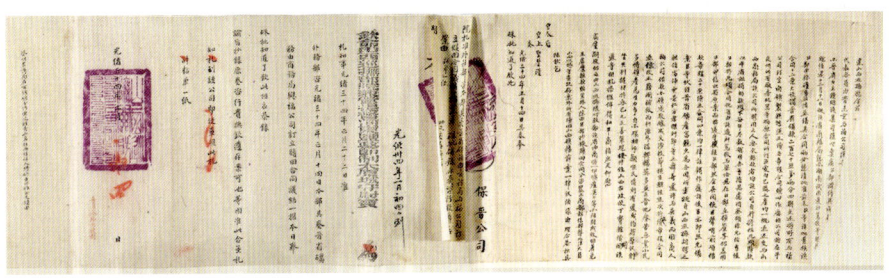

保晋公司关于从英福公司赎回采矿权的奏折及朱批备案录

清代

纵26.3cm　横181.8cm

  这件奏折总共分为四个部分，分别有抄录保晋公司为赎回采矿权给皇太后、皇上的奏折及皇上的御批，以及钦命山西巡抚部院相关札等。

  清光绪年间，山西地区发生了一场以保护地方矿产资源为目的的爱国运动，即历史上著名的"保矿运动"。当时，英国福公司通过不平等方式攫取山西多地采矿权。在山西商人渠本翘号召下，晋商各大商号积极参与到保矿斗争中，并于1907年在太原成立山西商办全省保晋矿务有限总公司（简称"保晋公司"）。1908年，从英国福公司手中赎回采矿权，标志着山西"保矿运动"的胜利。

  此奏折是"保矿运动"的一个缩影。"保矿运动"不仅是一场经济斗争，更是晋商在民族危亡之际集合起来共同完成的壮举，展现了山西人民强烈的民族自尊心与自信心。

保矿运动聚民心

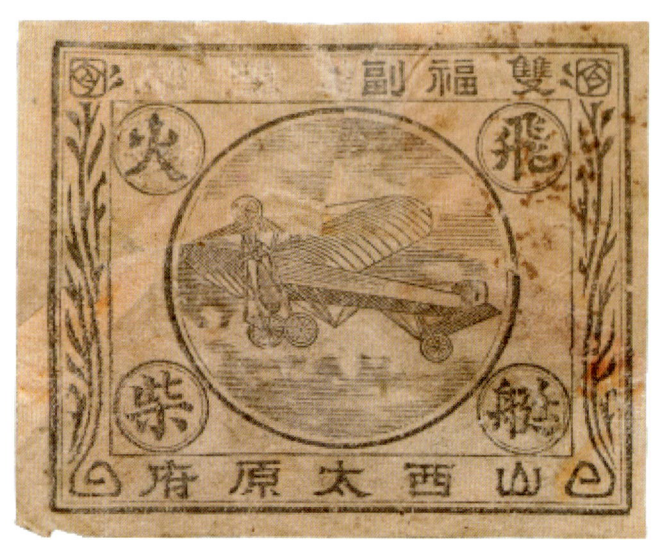

火柴点燃民族心

双福火柴厂"飞艇"牌火柴商标

民国

纵6.5cm 横8cm

  洋务运动后,中国近代工业兴起。1884年,太原新药局成立,这是山西第一家官办近代企业,标志着山西近代工业的诞生。晋商的商业资本与金融资本开始向民族资本转化,兴办实业,并参股官办企业。先后举办了火柴公司、电灯公司、面粉厂、纺织厂等,奠定了山西近代民族工业的基础。

  双福火柴厂是中国近代工业发展史上的一个重要标志,它的前身是山西布政使胡聘之于1892年创办的太原火柴局,后被山西祁县商人改组为私营双福火柴公司,又从日本购买机器并聘请工程师进行生产,生产效益大增,产品畅销省内外。

  随后,山西近代民族工业企业如雨后春笋般纷纷成立,山西太平县(今襄汾县)的太原电灯公司及其附设面粉厂,以及晋华纺织厂、大益成纺织厂等,都是当时的代表性企业。

第三单元
承 传

晋商纵横欧亚九千里、称雄商界五百年，"豪商大贾甲天下"。昔日的叱咤风云已掩入历史长河，林立在三晋大地的晋商大院仍在叙述着他们的辉煌。曾经的商埠市镇、大漠古道，幸存下来的会馆商号，还在诉说着他们远离故土创业的艰辛。晋商留给我们的物质遗产和精神财富，凝结着博大的晋商精神，传承着中华优秀传统文化，是取之不竭的精神给养。

小知识：会馆

会馆，是旅居异地的同乡人共同设立的馆所，所建馆舍供同乡、同业聚会或寄寓。出现于明代前期，通行于清代。晋商崛起后，为共叙乡情、相互扶持，在国内商业发达、交通便利的商埠集镇广设山西会馆、山陕会馆等，鼎盛时达500余处。

庭院深深藏晋风

百寿漆座屏

明代
宽200cm 高213cm

  这座百寿漆座屏由基座与插屏共同组成，基座地台边缘的两个相对面，分别雕饰双凤纹样，上部雕刻传统图案及双喜字，座头刻回文，屏风正面为向极度临百寿图，代表着一种美好祝愿，背面为黄庭坚行书文字及苏东坡所写的观记。

  该座屏来自晋商大院。晋商大院，是明清时期山西境内由晋商兴建的深宅大院，是最具代表性的山西民居，也是晋商发展兴衰的见证，一砖一瓦中都蕴含着晋商精神。大院高墙深宅、规模宏大、规制严谨、内涵丰富。庄重恢宏的建筑群落、人文厚重的楹联匾额、精巧古朴的雕刻艺术，是晋商人文观念、审美情趣和价值取向的物质载体，处处体现着晋商文化的博大精深。

小知识：晋商大院

著名的晋商大院有多处，如：乔家大院、渠家大院、曹家大院等。

乔家大院，由乔氏家族于清乾隆二十年（1755年）创建，历时百年完成。现存建筑群占地面积8700余平方米，布局严谨、高低错落的建筑体现了尊卑有序的伦理观念，尽显清代北方民居的独特风韵。

渠家大院，由渠氏家族于清乾隆年间创建，是目前国内罕见的五进式穿堂院布局实例，彰显出宅院主人雄厚的财力和对生活品质的追求。

曹家大院，由曹氏家族于清乾隆年间创建，占地面积10000余平方米，呈"寿"字形，形似城堡，融汇中西建筑特色，体现了曹家大官商的气魄，也折射出其富可敌国的历史面貌。

目前，国内不少晋商大院都得到了很好的保护与修复，部分大院还被开辟成了博物馆。

在山西明清时期的经济发展史中，晋商不仅缔造了"纵横欧亚九千里，称雄商界五百年"的商业奇迹，还留下了众多精美绝伦的晋商大院，如：乔家大院、梁家大院、曹家大院等。

乔家大院牌坊

土木华章

  中国古代建筑自成体系。与西方传统建筑以砖石结构为主不同，中国古代建筑以土木结构为主体，规制严谨，构筑华丽，融合山水，交互人文，将中国人的哲学思想和审美情趣巧妙地熔于一炉。其中蕴含着独特的民族性格和文化体系，凝聚着中华文明的精髓，是全人类珍贵的文化遗产。

  山西素有"中国古代建筑宝库"之称。山西现存古建筑数量众多、时序完整、门类齐全、精品荟萃，元以前木结构建筑居全国之首。附属其中的彩塑、壁画、碑刻、匾额等艺术珍品，与古建筑融为一体，珠联璧合，交相辉映。

第一单元
早期营建

由以穴为居,到搭棚建屋,在漫长的岁月中,我们的祖先逐渐掌握了夯土版筑、立柱搭架等造屋技能。土木建筑技术在夏、商、周渐成体系,至秦汉臻于成熟。北朝时则进一步融合创新,承上启下。

早期建筑虽无存世实例,但考古发现的建筑基址,以及各类文物上的建筑图像,为认识其风貌提供了重要例证。

小知识:夯土版筑

夯土版筑是一种古老的建筑技术,最早可追溯到距今约4400年的龙山文化时期。这种技术主要利用木板作为模具,然后往木板中间填充进由红泥、粗砂、石灰三者以一定比例组合而成的夯土,再用杵层层夯实、去除空隙,使泥土变得结实。

这种技术在历史上被广泛应用于建筑、城墙及墓葬的建造中,战国秦长城、唐长安的皇城以及福建土楼等的修建,都采用了夯土版筑这一技术。

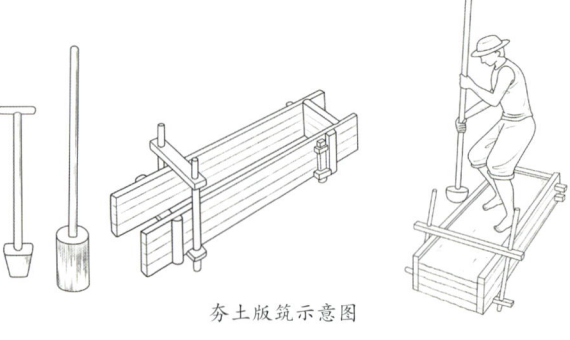

夯土版筑示意图

门轴石

新石器时代
直径17.5cm　厚9cm
中心圆窝，直径7cm　深3cm
山西忻州偏关天峰坪遗址出土

史前石城模式兴

门轴，指门开关时绕着旋转的轴；门轴石，即垫在轴下面的石头，是一种用来固定和支撑门扇转动的建筑构件。

这件门轴石发现于天峰坪遗址1号址的入口。天峰坪遗址位于山西省偏关县天峰坪村，距今约4500年，该遗址地处关河入黄河口处附近，发现有护坡墙多段、房址16座，面积约3万平方米，是一座新石器时代末期的小型石砌台城。

聚落选址从坡地转向河前面的梁峁（mǎo）之上，并采石筑台，砌建塞墙，形成了一个个居高临下、易守难攻的小型寨堡，开创了史前时期北方石城建造的新模式。这一发现完善了黄河东岸史前石城的发展轨迹，揭示了早期石城的一般构筑模式和兴起的重要动因。

原始社会，随着生产力的发展，人口增加，出现专业分工，人们的居住形式从一个一个的聚落慢慢聚集到城市中，文明悄然萌芽……

小知识

史前建筑

　　中国史前建筑的发展主要经历了穴居、半穴居、地面建筑等阶段。旧石器时代以洞穴居址为主。新石器时代，随着夯筑、木骨夹泥、榫卯等技术的应用，建筑由地下逐步走向地上，形成聚落。

夏商周建筑

　　夏商周时期中国建筑体系逐渐形成，夏代已出现廊庑环绕的院落雏形。商代，随着夯筑技术成熟，出现了建于高台之上的宫殿和陵寝建筑。西周出现四合院式的建筑布局。东周时期，城市规模逐渐扩大，形成大、小城市相结合的体系，对后世城市营建产生深远影响。

绿釉陶楼歌舞行

绿釉陶楼

西汉
高93cm　底径43.5cm
山西运城侯村镇出土

　　西汉时期，高台建筑盛行，到了东汉又开始衰落，木构楼阁逐渐增多，多层木结构的庭院式楼阁大量涌现。今天，曾经兴盛的汉代木构建筑已不复存在，而大量出土的汉代陶制建筑明器，形象生动地展示了汉代木结构建筑的特点。

　　这件陶楼通体施绿釉，是一件汉代建筑风格的器物，造型为三檐三台五层尖顶式的高层建筑。楼柱直插进底层池塘中，池塘为一侈口圆盘，池塘内水禽游弋。在第二、三层平座上，分别置有百戏表演俑。第二层有五人，其中楼台转角上有一人双臂前伸上举，左前右后，引颈而望，其势似张弓射箭状；楼中心有二人，一人左臂横抱一鼓，右臂伸展举槌，右腿抬起，呈敲击起舞姿势；另一人腹部高鼓，双脚立定，左胳膊自然外张，掌心平托一物，正全神贯注地进行表演；还有两人头戴平顶冠，身着宽衣，席地而坐观看表演。第三层有三人，其中看者一人，楼台转角处一人，鼓腹作势者一人，其形象姿势与第二层同类人物相同。

　　这座陶楼一方面反映了我国汉代歌舞艺术及建筑特色，另一方面折射出当时社会上层庄园生活的情形。

石屋珍本地下藏

石椁结构线描图

屋宇形石椁

北魏

长372.5cm 宽131cm 高192cm

山西大同曹夫楼村宋绍祖墓出土

　　这座屋宇形石椁（guǒ）是最经典的北朝仿木构建筑，整体为仿木构三开间单檐悬山顶式殿堂建筑，由109块大小不等的构件组合而成。石椁平面略呈方形，前设檐廊，面阔三间，进深一间，共有四根廊柱。正中有正脊一根，两端有"山"字形鸱（chī）尾。石椁的外壁雕有铺首衔环、门钉等，形制各异，造型美观，内壁彩绘舞蹈和奏乐人物等。

　　石椁顶板阴刻题记"太和元年五十人用公三千盐豉卅斛"。大意为：太和元年（477年），50个工匠耗费3000个工时，工价约为30斛盐豆豉，才完成石椁制作。

　　此石椁历史悠久，建筑形态为北魏特有的一斗三升人字拱结构，在这之前，从未有过该造型的结构，在这之后，人字拱由直线演变为弧线。这件石椁是研究北魏悬山顶式殿堂建筑的主要史料，也是北魏建筑艺术和社会生活的珍贵标本。

土木华章　215

石壁丹青北朝风

九原岗门楼图壁画

北朝

最宽320cm　高350cm

山西忻州下社村九原岗北朝壁画墓出土

在九原岗墓群中有一座壁画墓，墓中保存有北朝时期壁画约200平方米，多位于墓道，画面自上而下皆为四层。第一层为升仙图，绘有仙人灵怪和奇禽异兽；第二层为狩猎图，分为南北两段；第三段为仪卫图；第四段为武士图。

此门楼图位于墓道北壁，是九原岗北朝壁画墓中最引人注目的一幅，其绘制了一座极有气势的木构建筑，位置纵跨升仙图和狩猎图两层空间，既是墓主现实中的府邸，又象征升天后的归宿。

该建筑为单檐庑殿顶，面阔三间，两侧有廊。正脊、垂脊上层覆筒瓦，正脊两端有羽状鸱（chī）尾，垂脊前有兽面脊头瓦。正门紧闭，侧门半开，门扇各有四路门钉和一对衔环铺首。门廊铺满彩砖，设有六道宝珠望柱的朱栏。两个各开启一扇的侧门里，分别露出顾盼相视的两个女子，其中一人手持团扇。两边廊子里的侍女，手臂上均持有物品。

这幅壁画是迄今为止发现最早的古建筑复杂斗拱结构资料，也是中国古代建筑史上第一次出现如此细致、规整的建筑壁画，展现了北朝建筑的风采，对中国建筑史的研究具有重要意义。

第二单元
大唐遗构

　　隋唐一统，经济繁荣，文化昌明，开放包容。营造技术既承继前代传统，又汲取外来文明，形成完备体系，开创朴实庄重、雄浑壮阔的建筑风格。五代十国沿袭唐制。

　　唐、五代木构建筑存世罕见，多在山西。南禅寺大殿为中国现存最早的木构建筑现存实例，佛光寺东大殿为中国现存最早的殿堂式木构建筑。

佛光寺

　　佛光寺位于山西省忻州市五台县，创建于北魏孝文帝时期（471—499年），后经唐武宗"会昌灭佛"毁坏，又于唐大中十一年（857年）重建。寺内现存的东大殿为唐大中十一年（857年）遗构，集彩塑、壁画、题记、经幢于一体，是中国现存规模最大、保存最完整的唐代殿堂式木构建筑。

　　东大殿坐东朝西，面阔七间，进深八椽（chuán），单檐庑殿顶。檐柱有明显升起，结构为"金厢斗底槽"，屋坡举折舒缓，广檐翼出，曲线优美，鸱吻雄健硕大。整个殿宇形体壮观，雄伟古朴，结构精巧，技艺纯熟，呈现出庄重雄浑的大唐气象。

佛光寺

佛光寺东大殿经幢

　　佛光寺一共有两座经幢，此为其中一座，位于东大殿前，青石质，高3.24米。八角幢身刻《尊胜陀罗尼经》，经幢建造落款为大中十一年（857年），是大殿创建年代的重要佐证。

经幢（其一）

佛光寺东大殿唐代题记举要

左图位于东大殿北次间北缝梁架四椽（chuán）栿，内容为"佛殿主上都送供女弟子宁公遇"。

右图位于东大殿北梢间北板门，内容为"礼竭届此仲夏之日梦雕八叶沙门玄㲀（zhù）威通七禩"。

梁下题记　　　殿门背后题记

南禅寺大殿

位于山西忻州五台县李家庄村，重建于唐建中三年（782年）。大殿建在高台之上，前有宽散的月台，面阔三间、进深各四椽，单檐歇山顶。梁架结构简练，出檐深远，殿内无柱，空间宽阔。全殿形体稳健，气势雄浑，是中国现存最古老的木结构建筑。此外，殿内还保存17尊唐塑佛像、石狮、石塔等唐代艺术珍品，展示了唐代雕塑艺术的成就。

南禅寺大殿

土木华章　219

兽面防水护飞檐

兽面纹瓦当

唐代至五代
直径13.7～14.2cm　厚2.1cm
山西太原晋阳古城1号建筑基址出土

  瓦当又名瓦头，是古代中国建筑中覆盖在屋檐最前端的瓦片，主要作用是防水和保护木制飞檐以及加固屋瓦结构，同时也具有美化屋面轮廓的功能。瓦当上常刻有文字或图案，这些图案异彩纷呈，字体行云流水，极富变化。

  这面瓦当保存得极为完整，为灰陶质地，其上雕有生动精细的兽面纹，兽面鬃、鬓、须皆备，鬃毛竖立，鬓须卷曲飞扬。两眉粗壮，鼻梁呈圆点状，鼻孔张开，鼻下"八"字形胡须卷曲。口为一线，两侧有獠牙，边缘较粗，内缘饰有一圈不太明显的阳弦纹，背部有泥刀刻划痕迹。外圈筒瓦部分风格素净，内饰布纹。

  此瓦当不仅是一件精致的艺术品，也是属于中国特有的文化艺术遗产。

第三单元
千年法式

　　宋代,《营造法式》的颁行,构建起中国传统建筑的规范体系,建筑结构和造型趋于定型化、制度化。辽代建筑续延古朴苍劲的唐风,宋代建筑趋于端庄秀美,金代建筑地域差异明显,北部承辽爽朗健劲,南部沿宋雅致秀丽。

　　山西现存辽、宋、金时期木构建筑占全国总量的75%以上,代有佳构,蔚为大观。

辽代建筑

辽代建筑风格，前期延续唐风，雄健爽朗；后期受《营造法式》影响，庄严稳重，辽代建筑结构创新而极具变化，大量使用斜拱、附角斗，并开始使用减柱、移柱方法。山西保存的辽代建筑规格高、体量大，以应县木塔、华严寺和善化寺为代表。

应县木塔

应县木塔又名佛宫寺释迦塔，位于山西省朔州市应县佛宫寺内，高67.31米，底部直径30.27米，是世界上现存最高大、最古老的纯木结构楼阁式建筑。

应县木塔由塔基、塔身、塔刹三部分构成，整体架构所用均为木材，未用一颗铁钉，完全依靠榫卯结构连接。其中主体使用材料为华北落叶松，斗拱选用榆木，木料用量多达上万立方米。

应县木塔始建于辽清宁二年（1056年），距今已有近千年历史，经历多次强震仍屹立不倒，对古建筑学、抗震技术、佛教艺术研究都具有重大意义。

山西朔州应县木塔

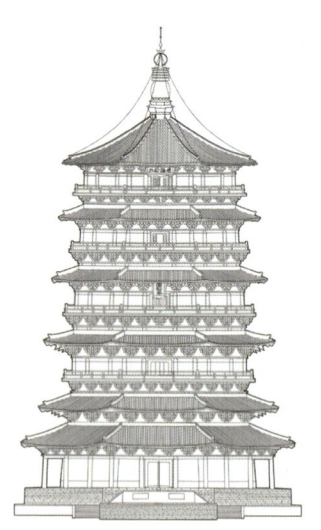

山西朔州应县木塔示意图

善化寺大雄宝殿

善化寺位于山西省大同市平城区，主要建筑有天王殿、三圣殿、大雄宝殿，依中轴线层层叠高，均为辽金时所建。大雄宝殿辽代遗构为寺内最大殿宇，面阔七间，进深十椽（chuán），单檐五脊顶，最内有塑像34尊，主像为五方佛，法相庄严、凝重典雅；两侧有二弟子，普萨侍立，是辽代原作。殿堂两侧分列24尊二胁侍诸天像，神态各异，性格鲜明。

山西大同善化寺大雄宝殿

山西大同华严寺建筑群

华严寺

华严寺位于山西省大同市大同古城内西南隅,金天眷三年(1140年)重建。寺院坐西朝东,30余座单体建筑依次排列在南北两条主轴线上,分上、下两寺。上寺以大雄宝殿为中心,分为两院,高低错落。下寺位于上寺东南侧,以薄伽教藏殿为中心,有辽代塑像、石经幢、阁楼式藏经柜和天宫楼阁等。

宋代建筑

宋代建筑技术更加精湛，布局自由多变，风格端庄秀美，重视装饰与色彩，园林建筑发达。山西现存宋代木构建筑50余处，居全国之首。其中，太原晋祠圣母殿、泽州二仙庙正殿等是宋代建筑的重要代表，其内保存的小木构、彩塑、壁画等更是宋代艺术的璀璨明珠。

晋祠圣母殿

晋祠位于山西省太原市晋源区，是中国现存规模最大、跨越时代最长、保存最为完整，最具代表性的祠庙式古典园林。其中，圣母殿、鱼沼飞梁、献殿为三大国宝建筑。圣母殿创建于北宋初年。面阔七间，进深八椽，重檐歇山顶，副阶周匝，角柱生起，侧脚明显。殿内宋塑堪称典范，殿前八根宋代贴金盘龙木柱，为全国仅见。

圣母殿前檐廊柱上雕有八条木质盘龙，是宋元祐二年（1087年）太原府吕吉等人捐资雕造，是中国古代建筑中施用龙柱最早的实例。

圣母殿内圣母像位于殿正中神龛内，屈膝盘坐，金冠彩袍，端庄圣洁。圣母两侧为侍女、女官、宦官像。服饰是绣罗裙、半臂、背子等宋代常见形式，头饰不一。手持物品似依身份不同而异，如掌文印、奉饮食、侍奉梳妆等，神态各异。如实地反映了中国古代宫廷中的主从关系、生活情趣和思想感情。其服饰鲜丽，装束合体，面貌清秀圆润，造型潇洒俊俏，个性鲜明，活灵活现，代表了宋代彩塑世俗化风格的最高成就。

山西大同晋祠圣母殿

金代建筑

金代建立后，积极吸收中原文化，因此金代建筑既沿袭了辽代的传统，又受到了宋朝建筑的影响。金代建筑在山西地域差异上十分明显：北方地区爽朗健劲、南方地区雅致秀丽，这种包容创新的文化内涵，对后世影响深远。

崇福寺弥陀殿

崇福寺位于山西省朔州市，弥陀殿是寺内主殿，建于金熙宗皇统三年（1143年）。大殿坐落于高2.5米的台基上，殿前有宽大的月台。大殿面阔七间，进深八椽（chuán），单檐歇山顶。殿内梁架结构采取"减柱法"。殿顶青灰板瓦覆盖，脊端两只琉璃鸱（chī）吻上有金皇统六年（1146年）题记，色泽灿烂如新。琉璃鸱吻、彩塑、壁画、雕花门窗、匾额被誉为"金代五绝"。其中，隔扇门窗是中国仅存的一组完整的金代隔扇门窗，雕有各类图案24种，雕工精细，刀法洗练。

崇福寺弥陀殿

　　弥陀殿内佛坛横跨五间,设像九尊。西方三圣端坐主位,主像仪态雍容华贵,面部端庄恬静,气度超凡脱俗。四尊胁侍菩萨立于主像两侧,两尊天王立于坛前。塑像主次分明,错落有致,组成一个和谐协调的整体,是难得的金代塑像精品。

崇福寺弥陀殿彩塑

八角塔罐五谷仓

彩釉琉璃塔式罐

北宋
底径32cm　腹径35.4cm　高115cm
山西博物院藏

　　这件琉璃塔式罐体形硕大，由多个部分组成，自上而下为八角攒尖顶的楼阁、宝球、莲花须弥座和双层圆形底座。攒尖顶的八角饰龙首衔珠，宝球腹部一周饰狮子铺首衔璎珞。璎珞是一种以珠玉缀成的装饰物，繁复华美。莲花须弥座中部饰翼人，底座上层一周饰护法狮子，下层饰裸身人物，似在托举起整个琉璃罐。整件器物通体施黄、褐、绿三色釉，胎质细腻，工艺精湛。

　　塔式罐因其形状似塔而得名，流行于唐代，有陶质、瓷质和三彩陶三种，其中陶质塔式罐数量最多，形制最为丰富。专家认为，塔式罐即为文献中记载的"五谷仓"，是佛教文化与中国传统丧葬观念融合的产物，其功能在于帮助亡人在冥界获得饮食与往生。

　　另外，塔式罐上层凭栏及八角攒尖塔顶形制与繁峙县岩山寺金代壁画中所绘佛塔形象极为相似，为了解宋金时期佛塔建筑结构提供了珍贵的实物资料。

第四单元
精工华筑

　　元代建筑承袭辽金减柱、移柱技术，梁架自然取材，多采用大额枋（fāng）构架，风格自由奔放。明清官式建筑向高度标准化、定型化发展，组群宏大；民间建筑讲究组合，形体简练、装饰繁缛、工巧华丽，建筑艺术达到顶峰。

　　山西现存元明清建筑25000余处，其中元代建筑360余处，居全国首位；明清建筑类型齐全，长城关隘、城池民居、寺观戏台等皆独具特色。

琉璃楼阁脊刹

明代
长54cm　宽26cm　高151.5cm
山西博物院藏

琉璃脊刹向天语

　　明代山西琉璃工匠多为世家传承，他们子承父业，延续两三百年，在很多建筑琉璃构件上都留下了名讳和制作纪年，其中阳城后则腰村乔氏人才辈出，技艺卓越，传承有序，留下了许多琉璃精品。

　　这座琉璃楼阁脊刹便是其中一件。脊刹作面阔三间两层重檐歇山顶楼阁，前檐明间凸起。一层的柱子上饰有蟠龙盘旋而上，二层屋顶上的勾头、滴水、椽（chuán）、斗拱、鸱（chī）吻、悬鱼、垂兽等建筑构件都细腻逼真。楼阁施绿釉，柱子施黄釉，釉色明艳饱满。阁楼二层刻有"本县通济里匠人乔世富同侄乔永丰大明隆庆元年造"题记。

　　这座脊刹堪称明代乔氏琉璃代表作，刻记更是为研究山西琉璃艺术提供了难得的依据。

小知识：脊刹

　　脊刹是中国传统建筑物正脊中央一组凸起的雕塑，也称宝顶，高等级的殿堂和宗教建筑常有这样的装饰。脊刹的造型多样，脊刹正中有的塑造成楼阁样式，有的塑成白象、青狮驮宝瓶的样式。

玉韫华夏

美石即玉。

玉是大自然的慷慨馈赠,古老而神秘的山川之灵,晶莹其质,典雅其色。琢玉成器,中国人赋予它超乎自然的品质和丰富多样的内涵。以玉事神,祭祀天地四方,与人神共语;比德于玉,佩戴装饰,彰显身份德行;殓葬辟邪,希冀永恒不朽;陈设赏玩,追求高雅富贵;生活实用,享受愉悦温馨。

玉,代表高贵与神圣,象征纯洁与美好,是东方人文精神生动的物化体现,是中国传统文化的重要载体。

第一单元
美玉有灵 礼仪以彰

玉，承载着厚重的中国传统礼仪文化。沟通天地人神，彰显身份地位，护佑生命灵魂。

礼仪玉产生于原始社会晚期，于西周形成制度。礼玉在祭祀、朝觐、盟誓、赏赐、丧葬等仪式中广泛使用。春秋战国以后，玉文化观念在"百家争鸣"和"独尊儒术"的过程中逐渐成熟，成为中国传统文化的独特标识，影响深远。

苍璧礼天琮礼地

玉琮

新石器时代

宽8.5cm　高6.8cm　射高1.4cm　孔径7.4cm

山西运城芮城坡头村出土

　　这件玉琮为矮圆柱体，玉质青灰色，内圆外方，上下两端各有凸起的圆环形口沿，射口较高，中心为双面对钻圆孔，外部四面平整，内外表面均有自然裂纹，为其增添了一份神秘感。

　　玉琮，内圆外方，是古代主要玉礼器之一。出现于新石器时代，尤以良渚玉琮最为发达，数量众多，制作精良，对其他地区产生了巨大影响。商周时期玉琮形体较矮小，多光素无纹。春秋战国时期造型与西周相近，战国时期出现兽面纹、勾云纹等纹饰。汉代已不见玉琮，宋以后出现仿古玉琮，清乾隆时期尤为发达。

　　玉琮主要用于祭祀地神，是我国古代重要的礼器之一，也是权势和财富的象征。墓葬中出土的琮、璧越多，墓主的身份便越显赫。其内圆外方的形制，符合中国古代"天圆地方"之说。

小知识：六瑞和六器

　　《周礼》中讲到"礼玉"有"六瑞"和"六器"。

　　六瑞，王及五等诸侯于朝聘时所持之六种玉制信符。

　　六瑞由不同身份的贵族执拿或佩戴，用以表明身份等级的瑞玉，更具政治意味。

　　六器是六种祭祀用的玉器，包括璧、琮、圭、璋、琥、璜等，更具宗教意义——"以玉作六器，以礼天地四方，以苍璧礼天，以黄琮礼地，以青圭礼东方，以赤璋礼南方，以白琥礼西方，以玄璜礼北方，皆有牲币，各放其器之色。"

玉圭飞鹰向长空

鹰纹玉圭纹饰

鹰纹玉圭

新石器时代

长21cm　最宽4cm　厚0.1cm

山西临汾侯马煤灰制品厂祭祀坑出土

　　此玉圭呈扁平长条状，上宽下窄，上下两端磨薄出刃，中部刻有一向上展翅冲飞的鹰形图案，看上去威猛神气。鹰是上古先民崇拜的神祇，刻于玉圭上，有通神之意。下部刻两组六道横线，再下有一圆形穿孔。

　　圭的起源最早可以追溯到新石器时代，由石铲或石斧演变而来，一开始主要作为生产工具和兵器，后逐渐被广泛用作标明等级身份的瑞玉及祭祀盟誓的礼器。

　　作为礼器，不同等级的人所持玉圭的大小、纹饰有所不同。《考工记》中曾有记载："玉人之事，镇圭尺有二寸，天子守之；命圭九寸，谓之桓圭，公守之；命圭七寸，谓之信圭，侯守之；命圭六寸，谓之躬圭，伯守之。"

　　这件玉圭的出土，为我们研究新石器时代玉器工艺提供了新的实证。

执戚起舞祭神祖

神面纹玉戚

新石器时代

背宽11cm 刃宽13.1cm 高20.6cm 厚0.4cm

山西长治黎城后庄村广志山出土

  玉戚最早出现于新石器时代晚期，形似武器，实为等级和权力象征的礼器。

  这件玉戚尺寸较大，整体呈扁平长方形，玉质黄灰，表面光滑，有浅褐色沁斑。刃近平外侈，上方正中央有一圆孔，近孔处雕琢扉棱，一侧边雕有冠饰图案，另一侧边则雕饰半侧面神人头像，极为罕见。左右边缘有不对称齿牙，纹饰精美，制作精良，代表了新石器时期玉器制作的水平。有学者认为这是神祖的形象。该玉戚为仅见的有明确出土地点的神面纹玉戚。

  《礼记·祭统》中有记载"朱干玉戚，以舞《大武》"，由此可见，玉戚曾用于舞蹈和仪式中。

牙璧

西周
外径13.8cm　孔径4.9cm　厚0.6cm

  这件牙璧玉质为黄褐色，局部有褐色沁斑。扁平圆形，中央有一圆孔，外缘有三个形状、方向均相同的锯齿状凸脊，脊间分别雕琢出六个齿牙，牙间距不等。

  牙璧是一类边缘带有齿牙、造型比较奇特的玉璧，出现于新石器时代晚期，多为三牙璧。牙璧大体起源于山东大汶口文化，最早发现于胶县（今胶州市）三里河大汶口文化晚期墓葬，盛行于龙山文化，延续到商代和西周。

  关于牙璧的作用，学界目前存在多种看法。有学者认为，牙璧是用来观测天象的仪器，又称"璇玑"；也有学者认为锯齿状的齿牙可能与巫术有关，具有宗教意义。

玉牙周旋映天河

气韵神圣示威权

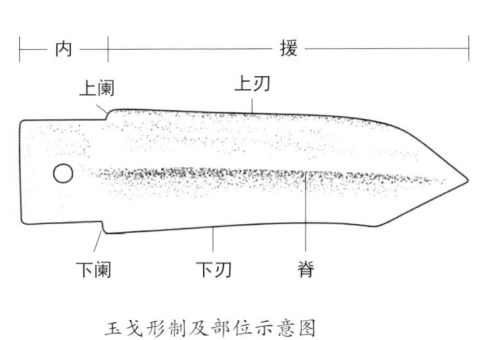

玉戈形制及部位示意图

人首神兽纹玉戈

西周

长36.2cm

山西临汾曲沃北赵村晋侯墓地63号墓出土

  这件人首神兽纹玉戈为黄褐色玉质，舌形长援，顶端为三角锋，直内（nà）有一穿孔，两边有棱脊。内部两面雕刻相同的纹饰，主要采用双勾技法。纹饰描绘的是人首神兽侧面蹲踞的形象，"臣"字目，大耳圆鼻，圆鼻之下一口弯曲的大獠牙，曲髯下垂至足，利爪长尾，拇指为人指，其余均为猛利兽爪。雕刻得最为细密的，还属人首神兽的长发，每毫米能有5～6条阴线并列。此戈弧线流畅，纹饰题材诡异，精良的制作体现了西周时期高超的雕琢技艺。

  玉戈最早出现于夏代，是商周时期流行的玉礼器之一，多用于重大祭祀活动，是权力的象征。商代玉戈形制一般为直援、直内，多有孔，有的局部饰兽面纹、几何纹或刻划文字。西周玉戈沿袭商戈形制，凤鸟纹、神兽（人）纹玉戈是西周玉作的创举，气韵神圣。玉戈既有美玉之温润，又隐隐散发着武器的杀伐气息。

稻谷通灵彰礼仪

谷纹玉璧

汉代
外径16.6cm　厚0.4cm
山西太原东太堡出土

　　谷纹是玉器上的一种传统纹饰，因形似稻谷发芽而得名，主要分为浮雕谷纹和线刻谷纹两类，盛行于战国中晚期。

　　这件玉璧上的纹饰便是典型的谷纹，谷粒饱满自然，密集而均匀分布在玉璧两面，摸起来有隐起的触感，立体感十足。玉璧整体器形规整，为淡绿色玉质，局部有氧化现象，状为扁平圆形，内外缘有凸起的轮廓线，造型简约却又不失精致。

　　玉璧，圆形象天，有孔通灵，是古代主要玉礼器之一，出现于新石器时代，沿用至清。早期玉璧，多光素无纹，形制不规整；春秋战国时期，器型规整，多刻有蚕纹、谷纹、蒲纹等雕饰。汉承前代风格，雕工精细。东汉以后玉璧少见，明清仿古玉璧盛行。

　　《周礼》中记载道："以玉作六瑞，以等邦国，王执镇圭，公执桓圭，侯执信圭，伯执躬圭，子执榖（gǔ）璧，男执蒲璧。"子爵所执榖璧即指饰有谷纹的玉璧，不同等级对应不同礼器，古代分明的等级制度可见一斑。

第二单元
润泽以温　喻瑞喻德

佩玉是中国古代玉器体系中数量最大、种类最多、使用时间最长的门类，有些兼具礼玉功能。

新石器时代已出现具有审美特征的佩玉方式，到商周时期逐渐形成佩玉规制，在春秋战国至两汉达到鼎盛。佩玉被赋予丰富的道德和精神内涵，彰显美德，体现修养，规范行为。唐宋以后，佩玉成为大众风尚。

> **小知识：葬玉**
>
> 　　葬玉风俗产生于新石器时代，流行于商周时期，西周出现专用的随葬玉器，形成葬玉制度。周人认为，玉可维持和强健魂魄，以玉殓葬可保护尸体不腐、灵魂不朽。葬玉主要包括组佩、覆面、口琀、窍塞、握玉、足端踏玉和玉衣等。玉衣出现于战国晚期，盛行于汉代。三国时期实行薄葬，玉衣制度消亡。
>
> 　　玉覆面，是用各种玉饰片做成人的面部五官，缀饰于缁（zī）巾上，殓葬时覆盖于逝者脸上，多出现于贵族墓葬中。
>
> 　　玉握，为逝者手中所握的玉器。早期无固定形制，常见管形、条柱形等。汉代开始将玉握的形状固定为卧猪。猪是财富的象征，手中握猪，表示富贵永随。
>
> 　　玉塞，是用于堵塞九窍部位的玉器。汉代时为防止逝者身躯腐朽，制作了用于堵塞九窍部位的"九窍塞"。九窍指双眼、双耳、鼻孔、嘴巴、肛门和生殖器。东晋葛洪《抱朴子》载："金玉九窍，则死人为不朽。"
>
> 　　玉琀，即含在逝者口中的玉器。新石器时代已出现口含玉石的现象。商周时期玉琀形制多样，有鱼形、蝉形、戈形、圭形等。汉代出现随葬专用的蝉形玉琀。古人由蝉的蜕壳联想到人的"转生"和"再生"，置蝉于口中，期望逝者重生。

玉韫华夏　241

一代王侯伴玉人

玉人

商代
高9.7cm
山西临汾曲沃北赵村晋侯墓地63号墓出土

  这件玉人为青白玉质，圆雕人形。抱拳曲立，目视前方，神情专注。头戴角形冠，耸肩屈臂前倾，方头鞋下有片状榫头，表明原先可能插于某物件上。在他的腰间，缠绕着一只威风的玉龙，龙身向后伸展，龙首上昂，龙冠如瓶，龙口大张，人龙合体，一派凛然。有学者认为，玉人可能是用于祭祀活动的法器。

  该玉人出土于晋侯墓地63号墓，该墓出土玉器800余件，是商周时期出土玉器最多的墓葬。其中，肖形玉占很大比例，有玉人、熊、牛、鹰、鸮、罍（léi）、龟等，制作年代为商代晚期和西周，多数集中收藏在一个铜盒内，反映了墓主人对肖形玉的偏爱，也为我们研究西周贵族玉器随葬制度提供了丰富的样本。

六璜联珠串佩饰

西周
最大璜长16cm
山西临汾曲沃北赵村晋侯墓地31号墓出土

这件玉组佩，应该算得上是出土遗址中最为瞩目的玉器之一，一共由408件玉饰组成。玉组佩的上部由玛瑙珠等物串成环形项圈，下部配以一枚雕刻着精美纹饰的玉璜，佩于颈部而垂于墓主人的胸腹部。其精湛的工艺让人难以想象，在只有简单生产工具的数千年前，古人们凭借双手就能打磨出如此精美的玉器。

玉组佩是指由两件或两件以上玉器组合而成的连缀玉饰，主要流行于西周时期，是常见的随葬玉器，多见于高等级贵族墓葬中，用以彰显身份地位。在当时，玉组佩是身份地位的象征，身份越高，所佩戴的玉组佩形式越复杂，玉质也越好。

玉组佩类型有胸佩、耳佩、项佩、肩佩、臂佩、腕佩等，其中胸佩最有特色。胸佩多以玉璜、玉珩、玉玦等为主饰，与玉牌、肖形玉等搭配，由玉质或玛瑙质的管、珠连缀而成。佩玉悬披，五色玲珑，珠玉锵锵，富丽堂皇。西周时期，玉组佩多悬挂于脖子上，春秋时期多系挂于腰带上，玉组佩也趋向简单化，大型的玉组佩在西周流行一段时间后便退出历史舞台。

环佩华美玲珑响

玉音叮当先富贵

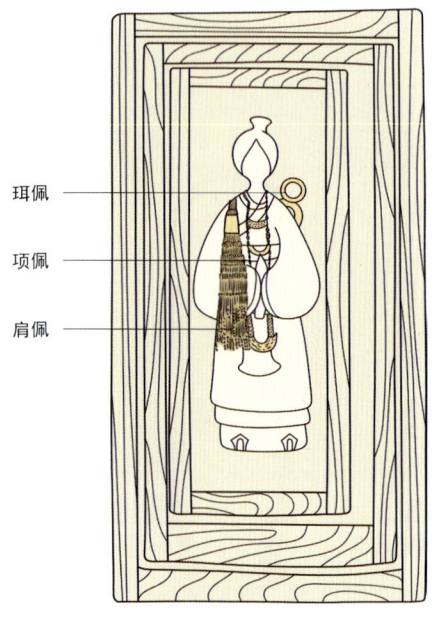

珥佩
项佩
肩佩

晋侯墓地M31号墓棺内器物位置复原图

玉牌连珠串饰

西周
上宽3.3cm　下宽4.6cm　牌高5.4cm
山西临汾曲沃北赵村晋侯墓地31号墓出土

　　与前一组玉佩相比，这件玉牌连珠串饰要简单许多，但仍不失为一件精美的饰物，是我们了解晋国文化的宝贵资料。

　　这件连珠串饰出土于墓主人右臂处，整体约长30厘米，由各色玉牌、玉龙、玉管、玛瑙珠组成，共计42件。顶部的玉牌平面呈梯形，正中有一孔，两面均由双线勾勒双首鸟纹。大玉管一件，通体饰螺旋纹和重环纹；小玉管两件，饰龙纹；玉龙一件，卷唇，曲体；玉蚕四件，余下的均为红色玛瑙珠。

　　这组玉佩线条婉转、流畅，造型简约又不失细节，不仅展现了晋国贵族的奢华生活，也是对当时高超技艺水平的反映。

玉玦组佩

西周
最大径5.5cm　最小径2.3cm　厚0.3cm
山西临汾曲沃北赵村晋侯墓地92号墓出土

　　玉玦通常呈环形，一侧有一个缺口，玦通"决"，有决绝之意，因此，玉玦也常用作与人断绝关系的象征物品。正如《荀子·大略》中所说："绝人以玦，反绝以环。"——玉环则象征恢复关系。玉玦的用途还不止于此，也可作耳饰、项饰等，也曾作为射箭时佩戴在右手大拇指上的钩弦之器。

　　这是两组玉玦组佩，一组六件，出土于墓主头部的左侧；一组八件，出土于墓主头部的右侧，玉色大体呈青灰色。每组玉玦依大小排列，各有一件龙形玉玦。两件龙形均为玦形制，且纹饰相同，为蟠龙形，首尾相对于缺口处，龙角向外突出，下颚则向内卷曲。背脊上雕有扉棱，龙身由阴线细细勾勒。个头不大，但却完整生动地展现了龙的形态，闪烁着古代工匠精湛技艺的光辉。

绝人以玦反以环

玉剑璏

春秋
长5.2cm 宽4.2cm 厚3.1cm
山西太原金胜村赵卿墓出土

饰玉的剑称作玉剑具，玉剑具由四个玉饰物组成，包括剑首、剑格、剑璏（zhì）、剑珌（bì）。其出现于春秋晚期，盛行于战国、两汉，魏晋南北朝时逐渐衰落，是贵族阶层显示尊卑有度的一种佩饰，也是权力和财富的象征。

剑璏是指安装在剑鞘前端的玉制附件，也称剑鼻，绳子穿过底下的方孔之中，可将剑固定于腰间。剑璏兼具观赏性与实用性，时至今日仍受到人们的喜爱。

此剑璏为青灰玉质，身上有斑驳褐斑，以透雕工艺雕刻成禽鸟状，身躯匍匐，并施以蟠虺（pán huǐ）纹和几何纹。

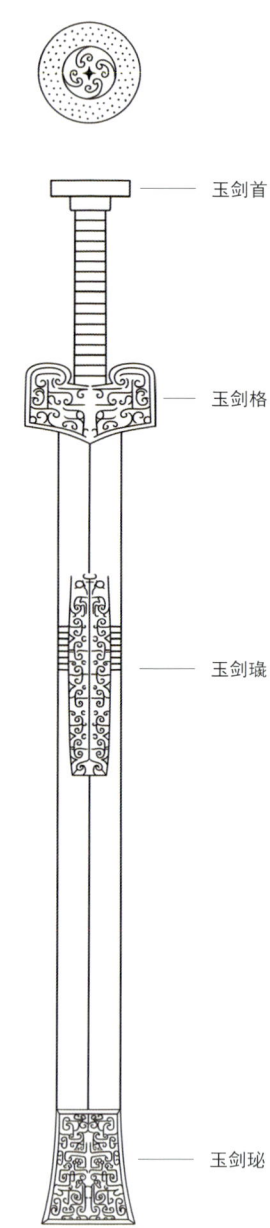

玉剑具玉饰示意图

尊卑有度挂腰间

蜻蜓碧睛望星空

琉璃串珠

春秋
大者，直径1.2cm　长2.21cm
小者，直径0.6cm　长0.9cm
山西太原金胜村赵卿墓出土

　　这串琉璃珠一共13枚，为早期琉璃制品。鼓状球体，中间穿孔，可让丝线穿过。主体纹饰为蓝白相间的多层同心圆，形似蜻蜓的复眼，因此也俗称"蜻蜓眼"。

　　琉璃又称玻璃，最早出现于公元前2500年的西亚和埃及，用途是制造珠饰。公元前15世纪，玻璃珠上开始有彩斑条纹或点状图案出现。到了公元前10世纪，技艺进一步发展，在地中海沿岸出现了带有"眼睛"效果的镶嵌玻璃。

　　春秋战国时期，琉璃通过游牧民族进入中国，其独特的纹路受到当时王公贵族的热情追捧，于是，中原的工匠开始利用本地原料进行仿制，一定程度上极大促进了我国古玻璃工艺的发展，为后世研究古代文明交流与工艺发展留下了重要资料。

龙凤合体玉饰

春秋
长11.5cm　宽5cm　厚0.4cm
山西太原金胜村赵卿墓出土

这件龙和凤合体的玉器也是肖形玉。肖形玉以动物形象为造型，体现了人们对自然生灵的崇拜。新石器时代出现，或写实，或写意，极具装饰性和审美情趣。趋瑞纳祥，历代相承，经久不衰。

这件玉饰整体为青玉质，扁平体，作龙形，身子拱起，卷尾，尾作凤首状，夹杂着些许褐色沁斑。器身阴线刻涡纹，尾部刻线纹，脊背顶端钻有一孔。分明的层次，使整件器物看起来更加生动，兼具艺术欣赏与深厚的文化内涵。

青玉镂空龙首簪

清代
长18.4cm
山西博物院藏

簪是古人用来插定发髻或连冠于发的一种长针，初期为男女通用，后来专指妇女插髻的首饰。

这枝镂空龙首簪青，质地温润有光泽。簪头由粗渐细，光滑圆润，上部翘起，顶端扁圆如耳勺，中间雕有一镂空盘龙，精细繁复，展现工匠不凡技艺。

古人以首为尊，簪子戴于发丝之上，暗喻着颜面和尊严。因此古时有规定，罪犯不可佩戴发簪，即便是贵为皇帝之妃，犯了错也要退簪请罪。

小知识：早期玉龙的演变

新石器时代（距今5000年）：龙形玉器最早出现于新石器时代，以红山文化玉龙为代表，主要有"C"形龙和玦形龙两类，一般以形取胜，纹饰极简。

商代（距今3000年）：商代玉龙延续卷曲的造型，且装饰繁缛，同时出现长身玉龙及复合型玉龙，龙形主题纹饰广泛应用。玉龙突出特征为大头、巨角、"臣"字目，多数张口。

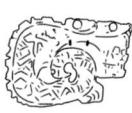

西周（前1046—前771年）：西周新出现蟠龙和扁平单体龙形佩。龙的主要特征为额头出方脊，口大张，卷鼻吐舌。多采用双勾、斜刀和阴阳线等技法，构图和线条更加舒展。

春秋（前770—前476年）：玦形龙已不多见，龙凤合体玉佩出现。龙形呈C形、S形、W形等，曲折多变。多以单阴线和浅浮雕技法琢刻。龙头五官简化，"臣"字目基本消失。

战国（前475—前221年）：双龙佩、龙凤佩最具特色。器身多片状或板状，龙体婉转多变，多作回首状，角和眼形状多变。通体多饰卧蚕纹、谷纹、勾连云纹及几何纹等。透雕、浅浮雕和线刻技法应用娴熟。

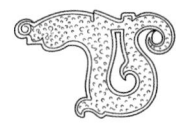

玉韫华夏　249

第三单元
清室雅伴 静潋芳华

唐代以后，中国玉器逐渐走向世俗化。从此，古老的玉器走下神圣的殿堂，融入社会生活。宋元以降，世人看重玉的价值，更重视其在现实中的意义。

明清时期，玉器皿、玉陈设器、玉佩饰、玉文具、玉山子等数不胜数。文房观赏、伴身雅玩、日常器用，林林总总，蕴含着人文情趣和审美意识，玉蕴吉祥，美伴人生。

小知识：玉山子

玉山子，是一种特殊玉器，是用整块玉料以圆雕手法雕琢成的山水景观，出现于宋元时期，清乾隆以后盛行。往往利用玉料的俏色和原始形态，巧妙布局，精雕微刻，将人文与自然有机融合，集山林、人物、动物、流水、建筑等于一体，高低错落，层次分明，极具观赏价值。

据《宋史·礼乐志·宴飨》中记载："诏辅臣观粟于后苑御山子"——记叙宋真宗与群臣观赏御廷中之石假山之事，事后君臣造词作诗以资留念。因此，玉工受到启发，雕琢整块璞玉使其形如山状，始作"玉山子"。

仙风道骨夺天工

青玉镂雕人物山子

宋代

宽7.2cm　高8.8cm　厚3.2cm

山西博物院藏

　　这件青玉镂雕人物山子通体镂空，局部有褐色沁斑，正面雕琢一长须老者，头戴东坡巾，左手拂袖，右手持杖，颇有仙风道骨之气，回首似在与身后的童子对话。背面刻有两只小鹿，一立一卧于松树下，相视呼应。制作者匠心独运，将黄褐色皮壳巧作枝叶。在青白玉色的映衬之下，整件玉雕更显生动活泼，是古代工匠审美志趣及妙手神功的集中体现。

薄云轻飘金丝花

青玉描金花瓣碗

明代
高4.5cm 口径12.3cm 底径6.5cm
山西博物院藏

　　清乾隆时期,宫廷及民间玉工均竞相仿制痕都斯坦玉器,极大丰富了后世对这一时期玉制技艺的了解。

　　这件玉碗从器型、纹饰及制作手法均仿痕都斯坦玉器制作。其为青色玉质,六曲花瓣形,胎体轻薄呈半透明状,浅腹平底,花瓣形圈足宽大并向外撇。碗的外壁满饰有六组描金西番莲纹,圈足上饰有朵云纹,纹饰为阴刻后描金,生动的花纹刀刀都显示出精湛的雕刻技艺。

异域之花绽玉碗

白玉描金贴花碗

清代
高6.9cm　口径12.2cm　底径4.8cm
山西博物院藏

　　乾隆皇帝极其爱玉，这件白玉描金贴花碗即是一件乾隆时期的作品。此碗呈半透明状，外壁饰有四朵鲜红的铁线莲，内壁为六组花卉纹，碗底中心为一铁线莲花蕊及放射线组成的圆形图案。花纹图案均为用红、绿色玻璃堆贴后描金而成，构成了繁缛华丽的装饰效果。

　　此物件是仿痕都斯坦风格制作的典型器。痕都斯坦在今天的阿富汗、巴基斯坦一带，乾隆皇帝钦定此名。其器物以饮食器居多，器壁镶嵌金、银丝及各色宝石、玻璃等来表现花果、鸟兽图案，纹饰繁而不乱，极具华贵之感。

　　玉石以其晶莹温润的质地，历来为人们所喜爱。从新石器的神秘祭祀，到先秦时期的王家用玉，直至唐宋，玉器渐渐融入人们的生活。唐宋之后，玉被雕琢为各式器物用作室内陈设，以显示主人的高雅情操。

　　康熙时期开通了缅甸翡翠进入中原的路线，乾隆时期又使新疆和田玉内运的道路畅通，促进了玉器工艺迅速发展，出现了我国古代玉器史上最为繁荣的景象，这件白玉描金贴花碗作为玉文化发展的重要见证，于新时代继续绽放绚烂光彩。

白玉八仙乐悠悠

白玉八仙人物

清代
高9.5～16.8cm
山西运城芮城沟渠头村出土

　　八仙是中国民间传说中广为流传的八位道教神仙，他们分别是铁拐李、汉钟离、蓝采和、韩湘子、吕洞宾、何仙姑、曹国舅及张果老。每位仙人都有独特的形象和传说故事，是不少艺术作品的灵感来源。

　　这一组白玉雕生动地展现了每位仙人的特点，八仙人物站立于石座上。例如，手执葫芦和拐杖的是铁拐李，摇着芭蕉扇的是汉钟离，最后一尊雕琢为仙鹿，应为张果老。白玉质地细腻，色泽纯净，雕刻仙人，自带仙风。

方寸玉牌藏乾坤

玉牌

清代
长5.3cm 宽3.3cm 厚0.7cm
山西博物院藏

　　这件玉牌玉质极为洁白莹润，为扁体长方形。两面均雕有纹饰，一面在长方形框内雕有山石和松树，一轮明月挂在天边，映照大地。另一面框内刻有"明月松间照"五字和两枚闲章。此为清代玉器装饰纹样，取唐王维五言诗句，以浅浮雕技法雕琢。玉牌尺寸不大，却风景俱全，细腻的雕工尽显方寸之间。

　　玉牌是一种小型玉器。形制多样，多为方形或长方形，有孔可穿绳佩系，可佩戴于胸前又可佩挂于腰间，男女皆适用。玉牌上常常雕刻有各类文字和生动图案，将中国文人最喜欢的诗、书、画等多种文化内容组合起来，受到了各阶层尤其是文人的热捧，历经数朝，经久不衰。在玉石收藏排行中，玉牌的收藏价值仅次于玉镯，有"一镯二牌三把件"之说。

瓷苑艺葩

  瓷器是中国的独创。挹（yì）水和泥、抟（tuán）土成器、木石为釉、薪火淬炼、金生五色，巧夺天工。

  瓷器的普及极大地提高了人们的生活品质，在带来生活便捷的同时，也给予人们美的享受。

  瓷器是中国的符号。从原始青瓷的质朴无华，到景德镇瓷器的登峰造极，瓷器见证了中国人追求卓越、不断进取的民族精神。从邢窑白瓷行销天下，到青花瓷器远销海外，瓷器构建了最具辨识度的中国风尚。

  瓷器是中国的形象。作为文化使者，无远弗届。伴着驼铃，北通大漠；乘风破浪，远渡重洋，将灿烂的中华文明远播世界各地。

第一单元
星火积著

瓷器脱胎于陶器,出现于夏代,早期为原始青瓷,至东汉发展成熟。三国、两晋、南北朝时期,南方青瓷生产突飞猛进,北方釉陶独具特色。隋唐时期,白瓷异军突起,形成青、白并行局面。宋元时期,瓷窑遍布南北,产品种类繁多,制瓷工艺精湛,除青、白两大体系外,黑瓷、青白瓷、彩绘瓷也在民间广为流行,形成百花争艳的繁荣景象。

小知识:炉火纯青

夏朝时期我国已开始烧造原始青瓷,产地在浙江和福建,商周时期则主要集中在浙江。汉代,越窑瓷器的生产技术日趋成熟。六朝时,除越窑及周边窑场外,湖南湘阴窑和江西丰城窑也是非常重要的青瓷窑场。北朝晚期,中原陶瓷手工业有了明显发展,已发现多处生产黄绿釉陶器的窑址,如河北曹村窑、山东淄博窑等。隋代北方制瓷业迅猛发展,众多窑口都生产了质量上乘的青瓷。

青釉洗

西周
高4.8cm　口径8cm　腹径9.4cm　底径5.5cm
山西博物院藏

　　这件青釉洗是用来清洗或是盛放物品的容器，灰胎，通体施青釉，口部笔直，边缘处略微向外撇开，弧腹平底，上腹部向外延伸一周。线条流畅，简洁大方，让清洗也变得有仪式感。

　　青釉是我国瓷器的一种传统釉色，制作历史悠久，最早可追溯到东汉时期，因其颜色淡雅清新而广受喜爱。

　　虽然名为"青釉"，但它并非完全为青色，有月白、豆青、粉青、天青、梅子青等，主要通过在陶瓷表面施以含有铁、铜等金属氧化物的釉料，经过高温烧制，形成具有透明或半透明效果的青绿色釉面。

初青不青釉色新

青釉贴塑忍冬纹龙柄鸡首壶

北齐
高48cm 口径11cm 腹径21.8cm 底径13cm
山西太原王郭村娄睿墓出土

鸡首昂扬龙吞水

这件鸡首壶通体施黄绿釉，色泽柔和，釉面有细碎的冰裂纹。口似盘形，颈部细长，鼓腹，平底。壶身肩部一侧塑一鸡首，手柄为龙形，龙嘴衔着壶口，好似在饮水。两侧各有三钮，中间钮为宝相花形钮，龙柄、鸡首及六钮下各贴塑忍冬一束；腹部凸起的线条下，贴塑着四只展翅欲飞的鸟儿，为整个作品增添一分动感。

鸡首壶是我国瓷器艺术中的一个独特品种，因肩部塑有鸡首而得名，始见于西晋，衰落于隋。后来又经历了一系列的演变，直到唐代初年，鸡首壶因受到执壶的冲击，开始渐渐消亡。

西晋时壶身、壶颈较矮，盘口很浅，鸡首尖嘴无孔，鸡尾甚小；东晋时壶体、壶颈增高，鸡首圆喙有孔，鸡尾位置塑长柄与盘口相接，东晋中晚期柄上部多塑为龙首造型；南北朝时期，壶体修长，盘口加深，鸡颈渐曲，龙首捏塑渐趋复杂；隋代盘口更深，鸡颈弯曲后仰，呈打鸣状。

北朝鸡首壶受三国两晋及南朝时期南方地区同类器型的影响，但更有北方游牧民族粗犷的艺术风格。山西自古是中西文化交流、民族融合碰撞的大舞台，这件壶体现的正是魏晋南北朝时期南北地域间的文化交流。

莲绽龙舞兽衔环

黄绿釉贴塑兽面纹尊

北齐
高34.2cm 口径15cm 底径18.6cm
山西太原王郭村娄睿墓出土

  这是一件典型的晋阳釉陶,釉色为黄绿色,器口外张,束颈,鼓腹,平底,搭配一宝珠形钮盖,钮下贴塑莲花一朵,盖面上刻有一周莲瓣纹,线条简单,气质典雅。颈部凸棱之上贴塑三只团龙,凸棱之下为兽面,肩部则饰有被莲花环绕的衔环兽面。整件器物造型粗犷,纹饰华丽,为悠久的山西瓷文化增添内涵。

小知识:晋阳釉陶

  北朝晚期,晋阳是东魏"霸府"、北齐别都。出土釉陶数量众多,器型常见鸡首壶、灯、尊等。造型粗犷雄伟,胎体厚重。釉层玻璃质感强,釉色青中泛黄。纹饰常见忍冬纹、连珠纹和宝珠纹等。

  晋阳釉陶装饰华丽,文化面貌多元,反映出北朝时期晋阳贯通南北、融汇东西的宏大气象。

白瓷人形柄执壶

唐代
高31.2cm 口径5～9.8cm 腹径14.5cm 足径7.7cm
山西太原石庄头村出土

色匀胎细出白瓷

这件执壶通体施透明釉，釉色泛灰。口为杯形，颈部向内收缩，下衔橄榄形腹部，圈足外撇。腹部一侧贴饰垂叶，另一侧置一宽柄，柄与壶口相接处塑人首，整体轮廓、纹饰上更具有波斯萨珊王朝金银器的特征，是千年前中西方文化交流在山西的见证。

公元439年，北魏太武帝拓跋焘（tāo）统一北方，社会状况由大动荡过渡到安定时期，之后，孝文帝拓跋宏实行均田制，允许手工业者自己经营生产，这一政策的实行促进了手工业及制瓷业的发展。工匠们为了改善北方瓷器胎体粗糙、着色不匀的缺点，设法降低和控制胎釉原料中的含铁量，最终烧制出了白瓷。

小知识：名窑聚珍

隋唐时期，以邢窑为代表的北方白瓷大放异彩。五代至宋金，定窑继续将北方的白瓷发扬光大。宋元时期在北方、定窑、耀州窑、磁州窑、钧窑等窑场群星璀璨，百花齐放，各领风骚。白瓷、黑瓷、青瓷、红绿彩瓷等均创造了很高的艺术成就。在南方，龙泉窑、景德镇窑、建窑等窑场同样规模庞大，影响深远。其中，景德镇窑青白瓷和龙泉窑密青瓷还作为外销瓷大量销往海外。

黑釉"供御"铭兔毫盏

南宋
高6cm　口径12.6cm　足径3.8cm
山西博物院藏

　　黑釉是古代瓷器釉色之一，呈现出黑色或深褐色的釉面。黑釉瓷器釉面纹理多样，有兔毫纹、油滴纹、玳瑁纹、鹧鸪斑等，这些纹理都是在高温烧制过程中自然形成的。宋代建窑便是以烧造黑釉瓷器闻名的。

　　这件黑釉兔毫盏为敞口，斜壁，圈足，胎体坚致，呈黑褐色。盏内外皆施有黑釉，因窑变形成的细密兔毫纹，在黑釉的衬托下根根分明，更为醒目。底部刻有"供御"字样，表明这件器物属于进贡宫廷的贡品。

　　该黑釉盏洁净深邃，表现出一种朴素而又高雅的美感，是工匠精湛技艺与不凡审美的高品质结合。

细密黑毫供御用

> **小知识：建窑**
>
> 　　建窑窑址位于福建省南平市水吉镇，是宋代烧造黑釉茶盏的著名窑场。创烧于晚唐、五代，产品为青釉瓷，后历经宋、元、明、清四代，烧瓷历史长达千年。
>
> 　　宋代建窑以黑瓷为主，兼烧青白瓷。北宋晚期"斗茶"盛行，黑釉茶盏大量烧制，尤以兔毫盏最具特色。宋徽宗《大观茶论》："盏色贵青黑，玉毫条达者为上。"上有所好，下必甚之，除建窑外，其他窑场也大量生产黑釉茶盏。

瓷苑艺葩

青釉菊瓣纹罐

元代

高17.5cm　口径18cm　腹径22cm　足径12.8cm

山西太原迎泽公园出土

苍翠清幽远近闻

　　这件青釉菊瓣纹罐出自龙泉窑，直口微微向内倾斜，上腹圆鼓，下腹内收，圈足。罐身通体施青釉，釉色青翠沉着，釉面密布细小气泡，口部和足沿一周无釉。此罐腹部有64道凸棱，凸起处釉薄而色浅，一眼望去，就像是层层叠叠的菊花瓣，显露出一种自然的柔美。

小知识：龙泉窑

　　龙泉窑窑址位于浙江省龙泉市，是我国历史上著名的窑场、宋代六大窑系之一。

　　龙泉窑开创于三国两晋。北宋时，胎体较厚，胎色淡灰，釉层透明，釉面光泽很强，常见纹饰有花卉纹、叶纹、鱼纹等；南宋中晚期进入鼎盛，装饰技法有刻花、堆塑等；元代时，烧造量大，胎色泛灰，釉色青翠或泛黄，装饰手法有刻花、划花、印花、贴塑等，纹饰有双鱼、八卦、牡丹等；明代中期以后渐趋衰落，至清代结束。

　　龙泉窑以盛产青瓷闻名，烧瓷历史长达1600多年，是中国制瓷历史上最长的一个瓷窑系，产品畅销于亚洲、非洲、欧洲的许多国家和地区。

第二单元
三晋窑火

　　山西，踞河东之要，表里山河，文化昌盛，底蕴深厚。汉魏以降，文化大汇聚，民族大融合，农耕文明与草原文明的碰撞、交融贯穿始终。山西陶瓷根植于深厚的历史文化沃土，在稳定与迁徙、冲突与重建的交替轮回中，兼容并包。同时又不乏开创性贡献，书写出中国陶瓷史上浓墨重彩的一笔。

　　三晋陶瓷，尽显朴拙豪放，窑火辉映，文脉源远流长。其融会晋、冀、豫、陕之技艺，博采众长，洒脱酣畅。

小知识：大同窑

　　大同窑窑址位于山西省大同市青磁窑村，在北方青瓷历史中占有重要地位，对今天朝鲜、韩国及日本的瓷器有一定影响。其盛烧于辽代，终于清末民国初。

　　大同窑以剔花工艺最具特色。产品以黑瓷为主，兼烧褐釉瓷、茶叶末釉瓷。器型有梅瓶、罐、坛等。胎体厚重，胎色灰白，釉面乌黑发亮。剔花装饰均在肩部至腹部，多为缠枝卷叶纹，纹饰大多简练、流畅、奔放，艺术成就很高。

半日闲事皆内行

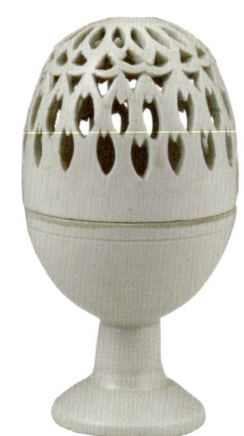

白瓷镂空熏炉

北宋
高11.6cm　口径6.1cm　足径4.4cm
山西太原金胜村出土

这件白瓷镂空熏香炉由上下两部分组成,下部形似高足杯,上部为镂空的深弧形盖,以子母口相合。炉身为白瓷材质,胎骨细腻,通体施透明釉,釉色纯正,镂刻精巧,为介休窑之精品。

熏炉使用时打开盖子,在炉中放置香料,点燃后罩上盖子,炉中烟气就会透过盖上状似花瓣的小孔溢散出来,袅袅不绝,如梦似幻。不过,瓷制香炉禁不住长期烧烤,后来变成了陈设或观赏品,是文人雅士喜爱的器具。

熏炉,即香薰或香炉,是古代用来熏香和取暖的炉子,还有驱逐蚊虫、净化空气、除潮祛湿等功能。自汉武帝派张骞出使西域,随着丝绸之路的开通,香料的品种日益丰富,檀香、沉香、龙脑、乳香、甲香、鸡舌香等渐渐成为王公贵族制作香品的名贵香料。

最初,香炉以青铜为材料,如汉代著名的博山炉。直到宋代,各种仿铜式瓷制炉纷纷问世。

宋人吴自牧在其笔记《梦粱录》中记载:"烧香点茶,挂画插花,四般闲事,不许戾家(外行)。"可见,宋代时,"焚香""挂画""插画""品茶"在人们生活中的地位。

墨坛生花绽古韵

黑釉剔花卷叶纹坛

金代

高24cm 口径5.4cm 腹径17cm 足径13.4cm

山西大同天镇夏家沟村出土

这件黑釉坛造型为小口、广肩、鼓腹，底部内凹形成圈足。坛身通体施黑釉，白胎略泛黄。坛肩剔花瓣纹一周，上腹部剔卷叶纹一周，叶片舒展自然，卷叶纹上下各有一条剔地形成的黑釉弦纹。坛底圈足足底刮釉一圈，但圈内施有黑釉，刮釉形成"十"字符号。

此坛釉色乌黑发亮，线条简练粗犷，装饰别开生面，是山西大同窑黑釉瓷中的精品。

素白暗花点新茶

白瓷印花花卉纹盏

金代
高4.5cm　口径12cm　足径4cm
山西河津固镇窑出土

  这件瓷盏，造型为敞口、弧腹、圈足。胎体洁白细腻，内外施透明釉，釉色已泛黄。盏内底刮釉一周形成涩圈，涩圈内模印团花纹，精美繁复；盏内壁模印缠枝牡丹纹，雍容典雅。此盏于2016年从山西固镇窑出土，初时残缺不全，经修补后展出。

  金元时期，流行将陶瓷器的内底刮去一圈釉，形成露胎的环状圈，称为涩圈。烧制时，将另一个底足无釉的陶瓷器放上去，层层叠摆进行烧制，称为涩圈叠烧法。此法能节省空间、降低成本、提高产量，在陶瓷工艺史上是一个新突破。

小知识：固镇窑

  固镇窑位于山西省河津市樊村镇固镇村，烧造年代为宋金时期，产品以白瓷为主。其中，北涧疙瘩多为北宋细白瓷，上八亩和下八亩多为金代粗白瓷。2016年进行了抢救性发掘，清理窑炉四座、制瓷作坊四处、水井一处、窑炉残渣及废品堆积坑35个，出土完整且可复原瓷器1000多件，瓷片及窑具标本达6吨之多。

连生贵子碟中意

白瓷印花童子戏莲纹碟

金代
高2.8cm　口径12.3cm　足径3.6cm
山西博物院藏

　　这件瓷碟产自山西霍州窑，敞口，浅弧腹，小圈足。胎体轻薄，色白质坚，釉色莹亮。碟内底刮釉一周，碟内壁印童子戏莲图案，男童穿梭于莲叶荷花之中，顽皮可爱，趣味盎然。

　　中国古代崇尚多子多福，又认为莲谐音"连"，故童子戏莲寓意"连生贵子"，其纹样常用于陶瓷器的装饰，象征着人们对这一愿望的向往。

小知识：霍州窑

　　霍州窑址位于山西省霍州市陈村。创烧于金代，盛烧于元代，延及明清。金代产品以白瓷为主，兼烧黑釉瓷、黄釉瓷等，器型有碗、盘、枕等。装饰技法有印花、白瓷褐彩等。装烧方法有三叉支具叠烧和涩圈叠烧。元代产品也以白瓷为主，器型有高足碗、折沿盘等。装饰技法以印花为主，装饰纹样有牡丹纹、双鱼纹等。支烧方法为粘钉支烧，碗、盘内外几乎都留有五个支钉痕。

虎形枕

金代
长32.5cm　宽14 cm　高8cm
山西长治征集

一夜卧虎梦乡甜

　　宋金时期，山西长治地区的八义窑是北方最重要的陶瓷产地之一，盛产红绿彩瓷和黑地白花的瓷器。

　　这件虎形枕，一端为虎头，伏于前腿之上，浓眉大眼，小鼻宽嘴，门牙微露，憨态可掬，口内开有一气孔。虎爪前搭，优雅地置于颌下，虎尾盘绕在身体右侧，体态自然，轻松写意。虎背即为枕面，背上有一枝用黑彩绘制的花卉。虎身精妙地模拟了自然中的虎皮风貌，黄底黑纹，用色鲜艳。

　　虎形枕是流行于金代的一种很有特色的生活用具，老虎是百兽之王，对于帝王将相来说，它是权力的象征，对民间来说，它担任驱邪和祈福的作用。因此，这件虎形枕看上去没有那么霸气，反而多了分乖巧。作为一件精美生动的实用物品，它身上承载着人们祈求健壮勇猛的愿望。时至今日，山西有些地方仍保留着使用虎枕的习俗。

小知识：八义窑

　　八义窑是山西省长治市上党区的传统制瓷窑，中国最早的彩色瓷器——红绿彩瓷便在此地诞生。除了最具特色的红绿瓷以外，八义窑烧瓷品种还有白釉、白釉黑花和黑釉，皆为瓷器中的佳品。

　　八义窑红绿彩瓷由低温釉上彩技艺制成，烧制流程从在素坯之上均匀涂抹白色化妆土起，随后覆盖透明釉，最后送入窑中烧制。以高温煅烧出的白瓷为底，绘上精细的图案，二次送入窑中。在约800℃的恒定温度下，彩料渗入瓷釉中，呈现出红绿色彩。

钧釉双耳三足炉

元代
高18.6cm　口径14.6cm　腹径17cm
山西大同宋家庄冯道真墓出土

窑中一色幻万千

　　在宋代，中国有五大名窑，分别为：钧窑、汝窑、官窑、定窑、哥窑。钧瓷出自钧窑——北宋徽宗时期，官府曾在近河南省禹州市内古钧台设置官窑，为皇宫烧制贡瓷。

　　这件钧釉炉造型为浅盘口，粗直颈，扁圆鼓腹，上饰镂空双立耳，耳上部与盘口相连，下部与颈部连接，立耳外又附以贴塑与腹部相连接，下接三只兽蹄足。炉身除腹内和足底，遍施天青釉，釉质肥厚，流淌交融。整体造型饱满，胎体厚重，为元代钧釉瓷精品。

> **小知识：钧窑**
>
> 　　钧窑始于唐，盛于宋，所用釉料以铜铁为着色剂，烧制时会因窑温、气氛的变化而产生丰富多彩、纹路多变的窑变效果，意境无穷，有"入窑一彩，出窑万千""家有万贯，不如钧瓷一片"的美誉。北宋灭亡后，钧窑工匠四处流散，使得钧瓷烧制技艺逐渐传布到各地。和宋代的钧窑瓷器相比，元代钧瓷较为粗糙，胎骨厚重，圈足内外无釉。总之，元代钧窑不论是造型还是釉色等方面都无法和宋钧官窑相比。但在仿钧过程中，也出现了一些影响较大的窑口。进入明代，因为生活需要，生活日用瓷器的钧瓷烧造得以逐渐恢复，但作为观赏瓷却没有复苏。

黑釉剔花花卉纹罐

元代
高34.6cm　口径15.6cm　腹径34.5cm　足径14.8cm
山西博物院藏

　　我国陶瓷器常采用一种叫作开光的装饰技法，即在器物表面勾勒出扇形、菱形、心形、桃形、圆形等区间，内饰以图纹。

　　这件黑釉瓷罐便是如此。其造型为直口，窄折沿，丰肩，圆鼓腹，腹部弧收至底形成圈足，圈足内中心镟去一圈，流畅利落。罐内外通体施黑釉，乌黑光亮；圈足内及足底不施釉，胎底呈土黄色，质地略粗。罐身划有四组双弦纹，上三组布局巧妙，在肩部和腹部各形成一周纹饰带；肩部采用剔釉工艺，饰以缠枝卷叶纹，枝缠叶绕，生机勃勃；腹部饰有三组菱形开光，里面细致地划出花叶轮廓和细节，再剔去花叶轮廓外的釉层，形成浅浮雕的艺术效果，层次分明，活灵活现，展现了元代瓷匠的高超技艺与非凡审美。

黑釉陶罐枝叶繁

第三单元
国瓷天工

瓷器之乡在中国，国瓷中心在景德。远在五代时期，江西景德镇就开始生产瓷器，至明、清时期已经逐步发展成为全国的制瓷中心，到了宋代更是出现了"村村窑火，户户陶埏（shān）"的奇观，其制瓷风俗之热可见一斑。

景德镇制瓷工艺，承千年古韵，汲艺术精髓，汇匠心于一炉，纳万彩于素坯。色泽纯净的白瓷明亮如镜，斑斓多彩的彩瓷瑰丽华美。青花、釉里红、斗彩、素三彩……集高品质与特色于一身的品种应接不暇，在文化长河中凝聚出璀璨的国瓷明珠，照耀着中华瓷艺的辉煌之路。

小知识：青花瓷

青花瓷，简称"青花"，是我国瓷器的主要品种之一。始见于唐代，成熟于元代——成熟的青花瓷出现在元代的景德镇，并成为明清两代瓷器的主流。青花在发展过程中有元青花、永宣青花和康熙青花三次高峰，均创造出卓越的艺术成就，共同描绘出中国陶瓷史上最靓丽的蓝色。

其制作方法是先在陶瓷胚体上使用含有氧化钴的钴料进行着色，接着覆盖上一层透明釉料，最后经过约1300℃的高温一次烧制而成。青花瓷使用的钴料经高温烧成后呈现蓝色，或清新明快，或晕如烟雨。

明代永乐年间，郑和七次下西洋从伊拉克萨马拉地区带回一批"苏麻离青"料，简称"苏料"。它属于低锰高铁类钴料，呈色稳定，烧制出来的青花瓷，色泽浓重青翠，略带晕散。如果火候适当，还有可能形成银黑色的结晶斑。元代景德镇和明初的青花瓷，大多会使用苏麻离青来绘制花卉枝叶，直到明朝成化年间，苏麻离青才逐渐被其他青料取代。因此，通过对青料的辨认，可以初步鉴别青花瓷产自哪个时期。

青花缠枝牡丹纹罐

元代
高28cm 口径20.9cm 腹径32cm 足径20.4cm
山西太原征集

  这件牡丹纹罐是元青花瓷器，口部较直，颈部较短，广肩，腹部上鼓下收，线条流畅，形状圆润，底部则是向里凹入的圆环形足。

  此罐胎骨厚重，釉色青白，外壁上画着青花纹饰。这些青花纹饰有四层：颈部是波浪一般的海水纹，肩部是攀附着枝条而生的莲花，腹部是最具有记忆点的缠枝牡丹纹，胫部则绕着一圈莲花瓣纹。这些青花的颜色特别鲜艳，在青花颜料聚集的地方隐约能看见银色的光，这是因为在烧制此罐时，工匠采用了进口的高铁低锰钴料，才呈现出了这种特点。

  仔细看罐身上的牡丹花，便会发现在牡丹花的花瓣和叶子上，还被特意画着细细的线，用来表示它们的脉络，这是一种别出心裁的装饰方法。总的来说，这件青花罐造型饱满，纹饰华丽，色彩深沉，是不折不扣的元代青花代表之作。

花青色沉成经典

波斯『果园』青花韵

青花筒式三足炉

明代
高11.7cm 口径15.1cm 底径14.2cm
山西博物院藏

  明代正统、景泰、天顺（1436—1464年）三朝被认为是瓷器艺术的空白期。因为这段时间帝位更迭频繁，政治动乱，生产的瓷器既不见官窑落款也不见民窑落款，使人无法了解当时瓷器的发展全貌。不过随着相关研究的推进，已逐步能确定这一时期瓷器生产的具体年份。

  这件青花筒式三足炉便是一件空白期瓷器中的标准器，内底、内壁分别书写"天顺七年大同马"和"大同马氏书"青花文字，直口挺拔，腹部筒形，底下有着三只兽蹄足。炉子从里到外都涂满了釉，口部则涂着酱色的釉。青花看起来颜色晕散，色调偏灰。在炉子的外壁，用青花写就波斯文字，内容节选自著名波斯诗人萨迪的《果园》诗集。这种波斯文与青花瓷的结合，是对当时社会的文化交流和宗教信仰的体现。

白瓷达摩坐像

明代
座宽16 cm　高33cm　底径16cm
山西博物院藏

这件白瓷达摩坐像通体施象牙白釉，釉质肥厚滋润。达摩身穿袈裟，衣纹飘逸流畅，颇富动感。鬓发卷曲，额头宽阔，额间还点缀着一点象征智慧的明毫。达摩双眉紧锁，俯视前方，双手合握搭在膝盖上，赤足坐在一块湖石之上，显得宁静且庄严。在雕像的背后，署有"何朝宗印"四字印款。

明代德化窑以烧制白瓷著称，其中又以何朝宗烧制的瓷器最为珍贵。何朝宗是明嘉靖、万历年间德化窑瓷塑家的代表人物，其艺术风格注重对人物神情的刻画，作品多数都是佛教中的人物，比如达摩、观音、罗汉等。

在何朝宗之前，宗教雕塑大都是大型雕塑，这种小型雕塑更适合家庭供奉，对推动佛教世俗化进程有着重要意义。

静中见动中国白

小知识：德化窑

　　德化窑是我国的著名瓷窑，因位于福建德化而得名。德化窑距今已有3000多年烧瓷历史，以烧制白瓷而闻名，烧制出来的瓷器胎釉浑然一体，晶莹如玉，在中国瓷器艺苑中独树一帜。宋元时期，德化陶瓷业随着海外贸易的兴盛而繁荣，圣洁无比的德化白瓷通过海上之路销往海外，受到了热烈欢迎，在向世界传递着中国文化魅力的同时，也获得了"中国白"的美称。

多子多福入画来

粉彩婴戏图碗

清代
高5.6cm 口径11.2cm 底径5cm
山西博物院藏

  此碗造型为撇口，弧腹，圈足。胎坚壁薄，釉面滋润，色调淡雅柔和。在碗身外壁一周，绘有62个姿态各异的儿童。婴童圆首双髻，衣着鲜艳，或手持灯笼，或双手捧桃，或燃放爆竹，表情可爱。背景也是异常丰富，房舍、山石、树木、小桥、流水等，应有尽有，热闹非凡。

  婴戏图是中国人物画的一种，以小孩为主要绘画对象，表现天真童趣、稚拙可爱。中国很早就有以婴孩为主题的绘画传统，"天真可爱入画来"是其一原因，另外，寄托着人们子孙繁衍、百子千孙的美好愿望。婴戏图到了唐宋时期技巧渐趋成熟，宋代更是婴戏图的黄金时期，使之成为中国绘画中极受欢迎的画类。

> **小知识：粉彩瓷**
>
>   粉彩瓷又叫软彩瓷，是景德镇窑四大传统名瓷之一。它是在五彩的基础上，借鉴珐琅彩的制作工艺和手法而创造出的彩瓷。
>   粉彩瓷萌芽于清朝康熙年间，成熟于雍正时期，色料运用更精细，色彩也更为柔和，形成了独特的风格。粉彩图案的画风多变，主要使用点染与套色的手法，既有工整精细的工笔画，又有简洁洗练的写意画，还有夸张变形的装饰画风。洁白的瓷器上点缀着秀雅的粉彩，层次分明，相映成趣，体现了工匠对传统工艺的掌握，也展现了他们在艺术创新上的不懈追求。

瓷苑艺苞

斗彩凑彩齐争艳

斗彩团花纹盖罐

清代
高12cm　腹径11cm　足径cm
山西博物院藏

这件斗（dòu）彩盖罐整体造型规整，胎体结实，釉面光滑有润泽。造型为直口、短颈、丰肩、鼓腹，下腹向内收，底下是圈足，有盖。其盖顶画着圆圆的团花纹，盖子边缘还围着一圈花卉图案；罐子的腹部有着交错排列的菊花图案与缠枝莲花图案，颜色鲜亮，十分精美。在罐子的外底部，署有落款"大清乾隆年制"三行六字，青花篆书。

斗彩又名"逗彩""凑彩"，是一类釉下青花瓷器与釉上彩相结合的陶器纹饰。斗彩自明朝初次创造出来后，便因其独特的风采而受到皇室的追捧，到了清代后，斗彩瓷的制作技艺更是得到了显著的进步与升华。这件斗彩团花纹盖罐便以其丰富的色彩层次，在视觉上带来了前所未有的震撼，富丽堂皇且不失温婉，实属斗彩瓷中的精品。

> **小知识：彩绘瓷**
>
> 　　彩绘瓷主要分为釉上彩和釉下彩两类。釉上彩起源于南北朝，是先烧制瓷胎，再在瓷胎表面进行彩绘后低温烘烤而成。其代表品种除斗彩外，还有以矾红、绿彩为主色调的五彩，粉彩则创新用玻璃白打底增强立体感。釉下彩起源于三国时期，至明清时期发展至顶峰。它是在坯体绘彩后施透明釉烧制而成，代表品种有青花和釉里红。前者以钴蓝发色著称，色彩清新雅致，后者则因铜离子在还原焰中呈现绯红色，工艺难度极高。

蝶舞花绽五彩盘

五彩蝶纹盘

清代
高5.8cm 口径33.7cm 足径20.2 cm
山西博物院藏

　　这件五彩蝶纹盘盘口微微向外撇开，腹部有着流畅的弧形，底部为圈足。盘子的胎体白净，表面的釉色富有亮泽，且有着光滑的触感。盘内用五彩纷呈的颜料分别画着梅花、牡丹、菊花、荷花、蝴蝶等图案。这些图案种类虽多，却丝毫不显得杂乱，反而令人感到生机盎然，似乎百花齐放、蝴蝶纷飞的春景在盘中缓缓动起来，为这件可供日常使用的瓷器，增添了几分观赏价值。

方圆世界

　　货币，是商品交换的产物，是在商品交换过程中分离出来的固定地充当一般等价物的特殊商品。中国古代货币，以铜铸币为主体，萌芽于商，滥觞于东周，到秦一统为方孔圆钱的基本形态。经秦"半两"、汉"五铢"、唐"宝文"等数次变革，直到明清制钱体系的形成，发展脉络清晰。清末机制币出现后，流通近三千年的中国古代铸币体系走向终结。

　　山西博物院藏有数十万件中国古代货币，尤以晋及三晋货币最具特色。院藏货币体系完整、绵延有序、品类齐全，不乏珍品，为研究古代社会、政治、经济、文化的发展提供了实物例证。

第一单元
货币萌芽

　　商周时期，随着生产力的提高和经济社会的发展，以物易物的交换方式难以适应社会生活的需要，以牲畜、粮食、布帛、玉、贝、铜块等作为中介物的交换方式出现，这些中介物具有一定的货币作用。

　　贝是商周时期最具代表的物品交换媒介。作为财富的象征，贝最初多用于祭祀、礼仪、装饰、赏赐、馈赠等，随着商品经济的发展，其货币功能日益显现，特别是金属铸贝的出现，为金属铸币的广泛流通奠定了基础。

小知识：铜贝

　　铜贝是一种青铜铸造的货币，约出现于商代晚期，延续到战国早期。其形仿背磨式货贝，铸造工整精良，面部正中有一透空齿槽，槽两侧均匀排布有齿纹，背内平，背部周边作细缘凸起，无文，亦被称为"无文铜贝"。铜贝计量单位为孚（lüè），一孚为12铢，即当时的半两。

　　据记载，贝的计数单位是"朋"。"朋"字始见于商代甲骨文及金文，其字形似两串贝连在一起，后来引申出"朋友"——关系友好之人的意义。金文中有些族徽，如"倗"字，有"人荷贝以行"的形象，有学者认为可能与商代出现商人阶层有关。

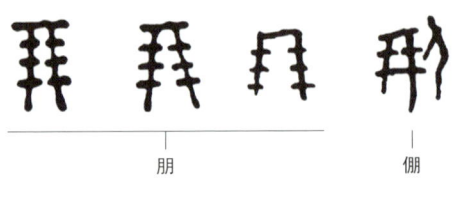

"朋"的写法

铜贝初现启新航

保德铜贝

商代
长3.2cm　宽1.5cm
山西忻州保德林遮峪遗址出土

　　1971年，在山西省保德县林遮峪村出土了109枚铜贝。这些铜贝与车马器共存于商代晚期墓中，排列成马络头状，被学术界习称为"保德铜贝"。这是继河南安阳殷墟出土铜贝之后的又一次重大发现。

　　铜贝的诞生与商周时期的社会经济发展和青铜冶炼技术的提高有关，随着商品交易活动的频繁，人们对货币的需求量也随之增加，天然贝币已经无法满足日益增长的交易需求，于是人们开始寻找其他材料来仿制真贝，例如骨、玉、石等。到了商朝晚期，青铜冶炼业技术逐步成熟，铜贝应运而生。

　　保德铜贝无文面有齿槽，背平，制作精美，每枚约重八克。保德铜贝把海贝的形象与铜的金属材质融为一身，因至今未见任何文献上有关商代铜贝的记载，且出土时"与车马器共存"，所以其在当时是否为实物货币，学界意见尚有分歧。目前并没有直接证据表明这些海贝和青铜贝是货币，保德铜贝铸造时期，是我国青铜器文化发展的高峰阶段，它的出土有助于我国研究商代青铜器文化发展和社会生产力。

第二单元
先秦铸币

春秋战国时期,生产力的发展和社会分工的细化,促进了社会商品的丰富、交换领域的扩大和货币需求的增长。先进的青铜铸造技术为货币的大规模铸造提供了技术支撑,金属铸币取代贝等实物货币的地位,成为当时普遍流通的货币。自此,金属铸币成为中国古代货币的主体。

诸侯争霸,列国称雄,不同地区的生产方式和文化发展各有特色,货币的质地、形状、大小、轻重、流通区域、换算方式等存在较大差异,形成以布币、刀币、圜(huán)钱、楚币为代表的先秦时期四大货币体系。

空首始自农用具

原始空首布

西周

长14cm　足宽8.5cm　肩宽7.7cm　重192g

山西太原电解铜厂拣选

原始的空首布,分大、小两种形态。大型原始布出现较早,形体厚重、没有文字,銎(qióng)延伸到钱体中部,可装木柄;小型原始布出现较晚,銎部缩到上端,中间隆起一道竖纹,足向内凹成弧形。从形制、重量、纹饰的变化来看,原始空首布已脱离农具的实物功能,成为铸造货币。

小知识：布币

布币源于铲形农具"钱"，产生和流通于周王畿、晋及三晋地区。西周时期的原始布，依然保留着实用铲的特征。春秋时期的空首布，因首部仍保留着中空的銎（qióng）首而得名。战国时期，銎变为平首，布身变小，有尖足布、类方足布、类圆足布、方足布、桥足布、圆足布、锐角布等形态，而文多为纪地或纪重。所谓"足"，是指布币下端的两只足状部位，其中形状较平直方正的称为方足布。布品类多、流通广，出土量大，远超其他先秦货币。

刀币

春秋
山西博物院藏

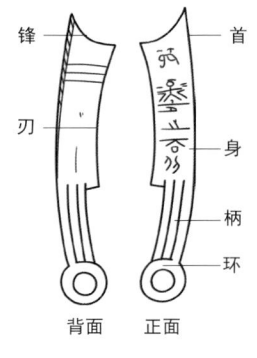

刀币形制及部位示意图

刀币源于古代一种名为"削刀"的工具，诞生于春秋中晚期。刀币主要由刀首、刀身、刀柄、刀环几部分组成。

刀币分为大、小两类。大刀主要流行于春秋时的齐国，因此俗称齐大刀，后来随着齐国疆土的扩大，齐大刀的流通范围也随之拓展到燕、赵地区。小刀主要流行于战国时的燕、赵、中山等国，按刀首形状分，可分为尖首刀、针首刀、直刀、明刀、截首刀等，如果按刀背分，则可分为磬折刀和弧背刀。

据《周礼·考工记》记载："筑氏为削，长尺博寸，合六面成规。"即是说，六枚刀币首尾相连可围成一个圆，事实也确实如此。这些设计精巧的刀币，不仅是古代工匠智慧的具现，更是历史的见证。

形似削刀实为币

方圆世界 285

 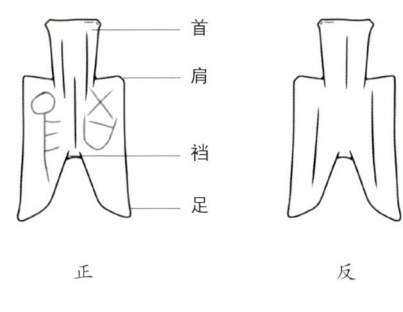

"晋阳"尖足布纹饰及部位示意图

"晋阳"尖足布

战国

长5.5cm　肩宽2.8cm　足宽3cm　重5.5g

山西原平武彦村出土

这枚"晋阳"尖足布由耸肩尖足空首布演变而来，因两足呈尖状而得名。平肩，方裆。"晋阳"为铸造这枚钱币的地名，位于如今的山西太原。

尖足布最初流行于晋国北部，后来随着晋国国力的提升而扩大流通范围，成为战国时期东方各国使用的常见铸币，又反过来促进晋国商业的发展，使得晋国霸业更为持久，直到秦始皇统一度量衡才被废除。

尖足布的重量单位为"釿（jīn）"，分为大、小两种，大的相当于一釿，小的相当于半釿，小的尖足布又称为"晋阳半"，即两枚小的可以当成一枚大的来使用。

尖足之布促霸业

"无终"三孔布

战国
长5.9cm　足距2.65cm
山西临汾襄汾县发现

"无终"三孔布，战国晚期铸币，存世极少，是先秦货币中最珍贵的品类之一，属于先秦布币体系下的平首布分支，因在币首和两足各有一圆孔而得名。

三孔布分大、小两型，大型一两，小型十二铢；币身一般铸有文字，通常是币值、重量、地名等内容，其中记载地名的居多。关于其铸币国属，在学界有赵国、中山、秦国等分歧。

这件三孔布面文"亡邹（zhōng）"，释为"无终"；背文"十二朱（铢）"，十二铢即半两，是布币的纪重或纪值单位；布首穿孔上有"十三"二字，尚无明确解释。至今所发现的三孔布有31种，其中除"宋子""无终"收藏于国内文博单位外，大部分流散于国外。目前存世的"无终"三孔布仅此一枚，当属孤品。

三孔珍币世无双

小知识：楚币

春秋战国时期，楚文化与中原地区文化有较大差异，货币也有着自身的特色，形成了独立的货币体系。其主要货币为有文铜贝，有一字或多字，因其像蚂蚁、鬼脸，故而俗称"蚁鼻钱"或"鬼脸钱"。后来，楚国受中原文化的影响，铸行一种体形狭长、方首方足的大布，同时，楚国还流行金版、金饼等黄金货币。

楚铜贝上的文字

战国方足十珍

战国

山西祁县、阳高、原平出土

　　1961年冬，祁县下王村修公路时发现一个绳纹陶罐，罐内装满战国方足布，重24.5公斤，计4613枚，分属于赵、韩、魏、燕等国，共29种，形制较晚。

　　1963年4月，阳高县天桥村出土了一批战国晚期货币，重102公斤，约13000枚，以方足布为主，尖足布和类方足布为辅。货币出土时堆放整齐，首部还有绳捆痕迹。从币文来看，

"北箕"方足布

"北箕"方足布

"东周"方足布

"长安"方足布

"中禺（阝）"方足布

这些布币以赵国居多，其余分属于韩、魏、燕、东周等国。

1963年5月，原平县武彦村出土一批战国货币，重64公斤，共4403枚，包括尖足布、类方足布、类圆足布、明刀、赵直刀等品类，出土时整齐堆成长方形，有绳捆痕迹，原来应是木箱盛装，但现场没有木箱腐朽的痕迹。

这批战国方足十珍，是从上述三大窖藏中挑出的珍品，为我们研究战国时代货币经济的发展和社会历史、地理情况，提供了丰富的实物资料。

"鄔"方足布（合营）

"邻"方足布

"平于"方足布

"TT阳"方足布

"TT阳"方足布（传形）

第三单元
制行铢两 一统方圆

公元前221年，秦建立中国历史上第一个中央集权国家，以铢两为单位的"半两"方孔圆钱成为全国统一的货币。秦半两的推行，确立了后世铸币的基本形态，自此，"方孔圆钱"沿用两千余年。

汉初币制数次改革，至武帝时将货币铸造权收归中央，统一铸造五铢钱。历经两汉、魏晋南北朝、隋，至唐武德四年（621年）被废止，五铢钱历经七百余年沧桑岁月。

货币统一始皇制

秦半两

秦代
山西博物院藏

秦始皇统一天下后，废除了六国形状不一、在各自统辖范围内流通的货币，在战国秦半两钱的基础上加以改进，圆形方孔的秦半两钱作为标准货币流通全国，结束了以往货币形态各异、重量悬殊的杂乱局面。货币的统一，有利于国家对经济的管理，促进了各地经济的交流，在中国货币发展史上具有里程碑意义。

货币铸造归中央

汉五铢

汉代
山西博物院藏

汉初货币承自秦制，仍沿用"半两"钱，按重量、大小分类，主要有榆荚半两、八铢半两、四铢半两等品种。公元前118年，汉武帝废除了半两制度，推行五铢，各郡国皆可铸行。汉武帝元鼎初年，中央又收回了铸币权，改由上林三官统一铸造。两汉时期，除铸币外，也使用黄金。

汉五铢是秦汉货币史上的一大转折，实现了中央对货币铸造权的集中统一，是我国钱币史上使用时间最长的货币。

小知识：新莽钱币

始皇建秦后统一币制，制定方孔圆钱的"秦半两"，奠定后世铸币基型。汉朝武帝下令铸造的五铢钱，也沿用了方孔圆钱的形制。

西汉末年，王莽篡权，建新朝，改汉制，铸行大钱三种，其中面值最大的就是"一刀平五千"，它一枚等于5000枚五铢钱，两枚就能换一斤黄金，因面额过大而传世稀少。

新莽钱铸造精美，钱文飘逸洒脱，存世稀少，为历代所重。新莽钱中，钱文多用篆书，钱面字体布局疏落有致。

"大泉五十"，面文中"泉"（钱币的古称）字，直竖中断，书法高妙，古趣盎然。"大布黄千"及之后发行的"货泉""货布""布泉"——钱文书体均系悬针篆。悬针篆是小篆的一种变体，竖笔下端出露锋芒，如悬挂着的针尖，因此得名。

方圆世界

金错刀鸣平五千

一刀平五千

新朝
通长7.8cm 刃长5.0cm
山西太原电解铜厂拣选

  在中国铸币史上,"一刀平五千"是唯一采用错金技术的钱币,工艺精美,堪称币中瑰宝。

  该币为青铜材质,其中"一刀"二字采用错金技术,因此,也称为"金错刀",为中国铸币史上独有。它结合了刀币和方孔圆钱的特征,分为环柄和刀身两部分,上部为方孔圆钱形,以黄金错文"一刀",字为阴刻,并且加以打磨,使字面与钱面平齐;下呈刀状,铸阳文"平五千",其中"平"是"值"的意思,即表示一枚刀币价值等于五千枚五铢钱。

  在许多古诗中都有对"金错刀"的描写,如"黄金错刀白玉装,夜穿窗扉出光芒""饮尽玉壶酒,赠留金错刀""美人赠我金错刀,何以报之英琼瑶""袍缝紫鹅湿,重持金错刀"。可见,它在币中的非凡地位。

第四单元
宝文千年 钱世金生

唐武德四年（621年），始铸开元通宝，结束了以铢两计重作为钱文的历史。钱文开始称"宝"，开启中国古代货币史上长达千年的"宝文时代"。开元通宝的文字、重量、形制成为后世铸钱的楷模。年号、国号或吉语加"通宝""元宝""重宝"等组合模式是唐至清方孔圆钱的基本形态，直到清末退出历史舞台。"宝文"币制对中国历代周边国家或地区产生了重要影响。

金饼

西汉
直径6.3cm
山西太原东太堡遗址出土

巍巍强汉金满堂

西汉早期金饼承袭战国末期和秦朝实心金饼的特征，直到后期才出现了一种直径较大，重量相对均匀，表面带明显缩裂纹及V形戳记，反面遍布孔洞凹坑的实心金饼。

这件金饼是东太堡遗址出土的五枚金饼之一，其中有两枚带V形戳记，为西汉初年王府遗物。

这五枚金饼的出土，证明了西汉文景之治到汉武帝初年，是两种金饼流通的并行期和过渡期，为我们研究西汉金饼的分期提供了有力节点支撑。

方圆世界 293

> **小知识：唐代货币**
>
> 唐初废隋五铢，铸行开元通宝。开元通宝成为有唐一代的主要币种，流通约290年，影响远及周边国家和地区。唐代中期，曾短期铸行乾封泉宝与乾元重宝等钱币，与开元通宝并行。此外，金、银多作为税赋、供纳、赏赐和大宗支付之用。

员外同正金铤

唐代

长14.7cm　　上宽1.5cm　　下宽2cm　　厚0.4cm

山西朔州平鲁出土

唐代经济繁荣，金银的使用比魏晋和隋代更多，但主要用于贮藏、税赋、贡纳、赏赐和大宗支付，并未成为具有全部货币职能的法定货币，当时主要流通的货币是铜制方孔圆钱开元通宝。

唐代金银货币的主要形制有铤（tǐng）、饼、板、笏等。铤的本义，是一种铸成条片状的金银铜铁。金铤没有统一的规格、重量和成色，小的100克、200克左右，大的500克、800克左右，最大的有982克。

这件员外同正金铤，呈长梯形，重283克，含金量97%，表面錾（zàn）刻"金贰拾两铤专知官长员外同正"字样。"员外同正"是"员外置同正员"的简称，是一种任官制度，"员外"即正官以外的官员，这种官职据《历代职官表·历代官制概述》称："唐代习惯，官吏犯公罪，多半是贬到远方作州县以下的官，称为左降官，虽有官名，不许任职的，名为员外置同正员"。因此这件金铤应属于贬降官员之物。

盛唐金光耀四方

小知识

宋代货币

宋代商品经济发达,货币需求激增,仍以铸币为主,兼行纸币,也用金、银,呈现出多元化、多样性、复杂化的特点。钱币以小平钱为基本单位,铸量远超前代,种类繁多,钱文书体多样,对钱流行,仅年号钱就有49种。

宋钱制造精美,艺术价值极高,在中国货币发展史上写下了辉煌的篇章,对后世产生深远影响。纸币的创造是世界货币史上的重大贡献。

两宋同时期的辽、金、西夏,流通货币以宋钱为主,亦用前朝旧钱。受铜源限制,品种不多,数量较少,铸币风格也不尽相同。

宋代货币较前代货币还有一大特点——汉字书法艺术在宋钱上得到完美的展现,真、草、隶、篆书体多样、变化多端,既有皇帝御笔,又有名家手迹。太宗首创"御书体"亲书"淳化元宝"和"至道元宝";徽宗以"瘦金体"书写"崇宁通宝""大观通宝";"元丰通宝"篆、行对钱为苏轼所书;"元祐通宝"篆、行对钱分别出自司马光、苏轼之手……

淳化元宝

崇宁通宝

元丰通宝

元祐通宝

元代货币

元代货币主要有钞、银、钱三种。元代采用白银为价值尺度，首次全面推行纸币制度，在中国乃至世界金融史上具有划时代的意义，元代历经中统钞、元宝钞、至元钞、至正钞等多次币制变革，为研究中国古代纸币制度的演进提供了重要实证。

元代铸币种类较多，但数量较少，币文有纪年、纪值、纪监等，有蒙文、汉文、蒙汉文一体等。

明代货币

明代通货主要有钱、钞、银三种。自明代至清末，钱币由官局监制铸造，形式、分量、成色皆有定制，故称"制钱"。明代制钱主要形制为"通宝"。朱元璋称帝前即设宝源局铸"大中通宝"钱，洪武元年（1368年）在各行省设宝泉局，与中央宝源局并铸"洪武通宝"钱，以后各帝及明末流亡政权、割据政权多有铸钱。明代独行"大明通行宝钞"，洪武八年至十三年（1375—1380年）由中书省印行，存世极少，洪武十三年（1380年）中书省废除后由户部印行。万历九年（1581年）"一条鞭法"施行全国后，赋税徭役合征银两，白银正式货币化。明代也有金锭流通。

洪武金锭

明代

长9.4cm　两端宽5.8cm

腰宽3.8cm　厚2.5cm

山西太原黄陵村明晋王墓出土

明代铸造金银货币的形制多以锭为主，大小无定制，锭面常有刻文，包括铸造地名、重量、工正、工匠、年号等内容。

这块洪武金锭，两端翘，中间凹，腰内束，重1946克，含金量约95%。锭上镌刻文字："潞州洪武二十三年折收秋粮赤金五十两五钱重，提调官吏冯瑀、司吏李朝䂇（shān）、库子王士成、长史司监销、司吏马九思、颜验银匠阎思中，煎辟银匠赵公敏，洪武二十四年三月日进"，大意是明朝洪武二十三

朱明秋丰铸金锭

年（1390年），潞州官员和工匠将秋收的税金制成金锭，在次年进贡朝廷。

此锭于1972年出土，与它同时出土的还有另一块金锭，形制和成色一样，但重量稍轻，为1891克，文字只残留"五十两"。

这两枚金锭的现世，纠正了中国以往"黄金无大锭"的说法，在黄金货币史上意义重大。

> **小知识：清代币制**
>
> 　　清代币制以银、钱并行为主，大额用银，小额用钱。白银货币以银元宝为主，晚期出现银圆。
>
> 　　铜币流行"通宝"，满汉文兼用，纪地、纪局、纪重，版式复杂。自顺治元年（1644年）起，先后在中央和地方均设置铸局，铸造钱币。山西先后有大同府局、宝晋局、阳和钱局。清末，机制币的出现，结束了中国古代铸币的历史。
>
> 　　咸丰三年（1853年），清政府发行户部官票和大清宝钞，同治元年（1862年）在多数地区停用。

方圆世界

生字词注音释义

顺序	生字词	释义
B	篦（bì）	亦称"篦子"。一种比梳子密的梳头用具。
	箅（bì）	蒸锅中的竹屉。后指有空隙而能起间隔作用的片状器具。
	柲（bì）	1.兵器的柄。2.同"䪐"，弓檠，保护弓的用具，多为竹制。
	觱篥（bì lì）	一种古代管乐器，以竹为管身，开九个指孔，前七后二，管端插芦哨。竖吹。
	瓿（bù）	古代的一种小瓮，青铜或陶制，圆口，深腹，圈足。
C	骖（cān）	1.一车驾三马。2.古代驾在车前两侧的马。3.乘，驾驭。
	鸱（chī）	1.古书上指鹞鹰。2.鸱鸮。3.盛酒器，"鸱夷"的简称。
	椽（chuán）	1.房屋的间数。2.放在檩（lǐn）上架着屋顶的木条。
D	戥（děng）	称量金银、药材等的小秤，称"戥子"。
	翟柤（dí zū）	西周时期的戎狄小国名。
	籴（dí）	1.买进（粮食）。2.姓。
F	枋（fāng）	1.两柱之间起联系作用的方柱形木材。2.古书上说的一种树，木材可做车。
	箙（fú）	古代盛箭的器具。
	幞（fú）	幞头，一种头巾。
G	逅（gòu）	遇；遭遇。
	觥（gōng）	古代酒器，腹椭圆，有流及鋬，底有圈足。
	觚（gū）	1.古代酒器，盛行于商代和西周初期，喇叭形口，细腰，高圈足。2.古代用来书写的木简。
	榖（gǔ）	木名。即构、楮（chǔ）。树皮可用以造纸。
	祼（guàn）	古代祭祀时把酒浇在地上的礼节。
	妫（guī）	1.姓。2.古水名。亦作"沩汭"。
	簋（guǐ）	古代盛食物的器具，圆口，无耳或有两耳、四耳。
	虢（guó）	周代诸侯国名。
	椁（guǒ）	棺材外面套的大棺。
H	圜（huán）	1.通"环"。环绕。2.多音字，也读"yuán"，同"圆"。
	翙（huì）	1.翙翙：鸟飞的声音。2.毛鸿翙，山西平遥邢村（今喜村）人，蔚泰厚票号经理。
	镬（huò）	1.煮食物的器具。2.古代的大锅。

续表

顺序	生字词	释义
J	跽（jì）	长跪。双膝着地，上身挺直。
	跏趺（jiā fū）	"结跏趺坐"的简称。佛教中修禅者的坐法，即双足交叠而坐。
	斝（jiǎ）	古代酒器，通常为圆口，有鋬与三足，供盛酒与温酒用，后借指酒杯。
	釿（jīn）	1.古代货币单位。2.同"斤"，斧头。
	秬鬯（jù chàng）	用黑黍和香草酿造的酒，用于祭祀降神。
	劇（jù）	劇阳，古县名。
	濬（jùn）	拓跋濬，北魏文成帝。
K	匼（kē）	地名用字，如"匼河村"。
	夔（kuí）	传说中的动物，形如龙，一足。
	隗（kuí）	姓。
L	罍（léi）	古代一种盛酒的容器。小口、广肩、深腹，多用青铜或陶制成。
	鬲（lì）	1.古代炊具，形状像鼎而足部中空。2.古代丧礼所用的一种瓦瓶。
	盝（lù）	1.盒子。2.盝顶，中国传统建筑屋顶形式之一。
	寽（lüè）	铜贝计量单位，一寽为12铢，即当时的半两。
M	峁（mǎo）	1.西北地区顶部浑圆、斜坡较陡的黄土丘陵。2.石峁遗址，中国新石器时代遗址。
	侔（móu）	1.齐等。2.通"牟"，谋取，求。
	鍪（móu）	亦称"兜鍪"。古代武士的头盔。亦谓戴兜鍪。
N	內（nà）	1.同"纳"，纳入。2.多音字，也读"nèi"，里面，与"外"相对。
P	蟠虺（pán huǐ）	青铜器纹饰的一种，以盘曲的小蛇的形象，构成几何图形。
	鋬（pàn）	器物上供手提拿的部分。
	錍（pī）	1.箭镞的一种。2.通"錍"，钗。
	邳（pī）	晋侯邳，即晋献侯，为晋釐（xī）侯之子，晋国第七代晋侯。
Q	銎（qióng）	斧子上安柄的孔。
R	襦（rú）	1.短衣，短袄。2.小儿涎衣。今名围嘴儿。
S	埏（shān）	揉黏土。引申为制陶器的模型。
	嬗（shàn）	1.演变，蜕变。2.通"禅"，更替，禅让。
	厙（shè）	姓。
	奭（shì）	1.恼怒。2.通"赩"。赤色。3.姬奭，西周宗室、大臣。
	峙峪（shì yù）	峙峪遗址，旧石器时代晚期遗址，在山西省。
	矟（shuò）	古代的一种兵器，矛。

续表

顺序	生字词	释义
S	燧（suì）	1.古代取火器。2.焚烧。
T	炱（tái）	烟气凝积而成的黑灰。亦指黑色。
	焘（tāo）	1.覆盖。2.拓跋焘，北魏太武帝。
	绹（táo）	绳索。
	髫（tiáo）	古代小孩头上扎起来的下垂头发。借指童年。
	桯（tīng）	1.碓等工具的杆子或短木。2.横木。3.门槛。
	铤（tǐng）	1.古代所铸的各种形状的金银块，作货币流通。2.未经冶铸的铜铁。3.箭头装入箭杆的部分。
	抟（tuán）	1.把散碎的东西捏聚成团。2.环绕，盘旋。
	鼍（tuó）	1.一种爬行动物，亦称"扬子鳄"。2.鼍鼓，用鼍皮蒙的鼓。
X	僖（xī）	1.通"僖"。2.晋僖侯，又称晋僖侯，西周诸侯国晋国的第七任国君。
	燮（xiè）	1.和。2.姓。
	郇（xún）	周代诸侯国名。
Y	甗（yǎn）	古代蒸煮用的炊具，上下两层，中间有箅子，陶制或青铜制。
	揲（yè）	1.将物体揲薄。2.箕舌（指接在簸箕底部向前延伸的板）。
	匜（yí）	古代盥洗时舀水用的器具，形状像瓢。
	挹（yì）	1.舀，汲取。2.牵引。3.通"抑"，抑制，谦退。
	卣（yǒu）	古代酒器，一般口小腹大，有盖和提梁。也有作圆筒形的，器形变化较多。
	囿（yòu）	1.借指事物萃集之处。2.古代帝王畜养禽兽的园林。3.菜园。
	敔（yǔ）	古乐器，奏乐将终，击敔使演奏停止。
	刖（yuè）	古代的一种酷刑，把脚砍掉。引申为截断。
Z	錾（zàn）	1.凿刻。2.小凿。雕琢金石的工具。
	缯（zēng）	古代丝织品的总称。
	甑（zèng）	古代炊器。底部有许多透蒸气的孔格，置于鬲（lì）或鍑上蒸煮，如同现代的蒸锅。也有无底另外加箅（bì）的。
	卮（zhī）	古代一种盛酒器。
	觯（zhì）	古代酒器，青铜制，形似尊而小，或有盖。
	翥（zhù）	（鸟）向上飞。
	孳（zī）	生息，繁殖。
	缁（zī）	黑色。

忆华年主要文博类出版物

博典·博物馆笔记书

已出版——
《故宫里的海底精灵》
《故宫里的晴空白羽》
《故宫里的瑰丽珐琅》
《故宫里的温润君子》
《故宫里的金色时光》
《故宫里的琳琅烟云》
《故宫里的夜宴清歌》
《故宫里的阆苑魅影》
《故宫里的诗经墨韵》
《故宫里的洛神之恋》
《故宫里的金枝玉叶》
《故宫里的花语清风》
《故宫里的天子闲趣》
《故宫里的丽人雅趣》
《故宫里的童子妙趣》
《故宫里的禅定瑜伽》
《故宫里的花样冰嬉》
《故宫里的森林"萌"主》
《渔舟唱晚·墨霖山海》

待出版——
《故宫里的丹心爱犬》
《故宫里的绿鬓红颜》
《故宫里的顽皮宝贝》
《故宫里的十二生肖》
《故宫里的百态造像（动物）》
《故宫里的百态造像（人物）》

全国博物馆通识系列·一本博物馆

已出版——
《一本博物馆 南京博物院》
《一本博物馆 陕西历史博物馆》
《一本博物馆 湖北省博物馆》
《一本博物馆 湖南博物院》
《一本博物馆 辽宁省博物馆》
《一本博物馆 大同市博物馆》
《一本博物馆 广西壮族自治区博物馆》
《一本博物馆 重庆中国三峡博物馆》
《一本博物馆 山东博物馆》
《一本博物馆 安徽博物院》
《一本博物馆 广东省博物馆》
《一本博物馆 成都博物馆》
《一本博物馆 山西博物院》

待出版——
《一本博物馆 中国（海南）南海博物馆》
《一本博物馆 蚌埠市博物馆》
《一本博物馆 临汾市博物馆》
《一本博物馆 内蒙古博物院》
《一本博物馆 安徽楚文化博物馆》